LA FISCALITÉ DES SYSTÈMES FINANCIERS DÉCENTRALISÉS (SFD) AU SÉNÉGAL

Dernières parutions
chez L'Harmattan-Sénégal

KANE Abdoulaye-Élimane, *La femme-parfum*, roman, janvier 2011.

GUÈYE Moustapha, *Le tourisme en Casamance. Entre pessimisme et optimisme*, novembre 2010.

KASSÉ Moustapha, *La science économique et sa méthodologie*, collection « Zoom sur… », octobre 2010.

SOW Abdoul, *Mamadou Racine Sy. Premier Capitaine noir des Tirailleurs Sénégalais (1838-1902)*, collection « Mémoires & Biographies », septembre 2010.

KÉBÉ Abdoul Aziz, *Serigne Abdoul Aziz Sy Dabbâkh. Itinéraire et enseignements*, coll « Mémoires & Biographies » juin 2010.

NGAÏDE Abderrahmane, *Le bivouac*, suivi de *Fresques d'exil*, juin 2010.

FALL Iba, *Crise de socialisation au Sénégal*, essai. Suivi de *Réflexion sur les ontologies bambara et peule en rapport avec la crise ontologique mondiale*, mai 2010.

KANE Coudy, *La quête identitaire chez les écrivains de la moyenne vallée du fleuve Sénégal*, mars 2010.

KANE Abdourahmane, *Destin cruel*, roman, janvier 2010.

BA Daha Chérif, *Crimes et délits dans la vallée du fleuve Sénégal de 1810 à 1970,* collection études africaines, janvier 2010.

SARR Pape Ousmane, *Les déboires de Habib Fall*, suivi de *Blessures de mon pays*, nouvelles, décembre 2009.

MIKILAN Jean, *Le conseil des Esprits*, décembre 2009.

CHENET Gérard, *El Hadj Omar. La grande épopée des Toucouleurs*, théâtre, novembre 2009.

Abou WÉLÉ

LA FISCALITÉ DES SYSTÈMES FINANCIERS DÉCENTRALISÉS (SFD) AU SÉNÉGAL

L'Harmattan
Sénégal

« Villa rose », rue de Diourbel, Point E, DAKAR

http://www.librairieharmattan.com
diffusion.harmattan@wanadoo.fr
senharmattan@gmail.com

ISBN : 978-2-296-10294-1
EAN : 9782296102941

Sommaire

REMERCIEMENTS

La rédaction de ce livre a pu être menée à terme grâce au concours de personnes qui ont bien voulu nous apporter leur soutien, leur savoir et leur savoir-faire tout au long de l'étude. C'est ainsi que nos remerciements vont à :

Monsieur Mbaye THIAW, expert-comptable, pour avoir accepté, en dépit de ses nombreuses charges professionnelles, de signer la préface de ce livre. J'apprécie à leur juste valeur les conseils attentionnés qu'il a bien voulu formuler à l'issue de la relecture du livre ;

Monsieur Sidy Lamine NDIAYE, Directeur exécutif de l'APSFD Sénégal, pour sa disponibilité remarquable, son soutien et ses conseils ;

Monsieur Tamsir FALL, expert en microfinance et formateur certifié aux cours CGAP / CAPAF, pour avoir accepté de consacrer une partie de son temps très précieux à la relecture du livre, formulé des observations et critiques qui ont été d'un apport inestimable notamment la précision de certains points de vue présentés dans le livre ;

Monsieur Abdoulaye CAMARA (expert-comptable), Monsieur Ibrahima DIAGNE, (Chef comptable à SEN RE) et Monsieur Mansour SENE (Chef de mission à CECA – Sarl), pour la contribution documentaire précieuse et la relecture minutieuse ;

Monsieur Ibrahima CISSÉ (Administrateur de société), Monsieur Omar PAYE (DAF de la ESCI – SA), Mamadou DIOP (Président de l'ISEG), Monsieur Djiby DIALLO (Commission bancaire de la BCEAO - Abidjan), Monsieur Adama THIAM (expert en microfinance et formateur certifié aux cours CGAP / CAPAF), Monsieur Sada Ly CISSÉ (Consultant international) et Me Ibrahima NDIEGUÈNE (Avocat), pour les conseils utiles prodigués ;

Mes collaborateurs de CECA – SARL : Mariam WÉLÉ, Mansour SÈNE, Yaya DIENG, Madame SARR Sagar BÂ, Ousseynou DIOUF, Cheikh DIOUF, Aminata KHOUMA, Djibril WÉLÉ, Djiby GAYE, Mademba SARR, Mbaye SÈNE et Boubacar DRAMÉ qui trouveront ici l'expression de ma déférente gratitude pour leur attachement, leur fidélité et les efforts inappréciables qu'ils consentent tous les jours en vue d'inscrire notre cabinet parmi les sociétés d'expertise comptable ayant une grande réputation au Sénégal et dans la sous-région.

DÉDICACE

Je dédie ce livre :

À mon défunt père, pour la bonne éducation qu'il a donnée à ses enfants et les sacrifices consentis durant toute sa vie ;

À ma mère, pour son amour, ses prières constantes et ses conseils ;

À mon grand frère Amadou Tidiane WÉLÉ dont le soutien affectif, financier et matériel m'a permis de devenir ce que je suis aujourd'hui et d'être arrivé à un niveau qui me permette d'écrire un livre. Qu'il en soit récompensé par le Très Miséricordieux, ici-bas et dans l'au-delà ;

À mon grand frère Thierno Abdoul WÉLÉ et ma petite sœur Hawa WÉLÉ pour leur affection et leur soutien moral constants ;

À mon épouse Mariam DIALLO, ma nièce Aissata LAM, mes enfants Hafsatou, Baaba et Thierno, pour leur amour et leur soutien inestimable ;

À mon guide spirituel et ami, Thierno Ibnou Oumar BÂ, pour ses prières et ses conseils quotidiens ;

À Mbaye THIAW, expert-comptable, mon maître en fiscalité, droit des affaires et expertise comptable. Comme votre associé pendant quatre ans (de 2001 à 2004), vous m'avez donné une formation complète qui m'a permis d'acquérir des qualités pour être un manager de cabinet d'expertise comptable compétent et rigoureux. J'exprime ici toute ma profonde gratitude à un expert-comptable d'une piété et d'une rigueur professionnelle exemplaires ;

À Amadou SAMB, expert-comptable, mon maître, qui a assuré ma formation pratique en audit et en expertise comptable. Vous demeurerez toujours pour moi un exemple d'un professionnel vertueux et compétent ;

À Pape Konaré SECK, expert-comptable. Merci pour l'initiation à l'audit, la riche expérience partagée et l'importante documentation mise gracieusement à ma disposition pendant les trois années durant lesquelles nous avons partagé ensemble le bureau au Cabinet Thiaw & Samb – SARL ;

À mes amis Aliou KONTÉ, Ousmane Amadou SY, Amadou Hamady BÂ, Thierno Oumar DIALLO et Oumar DIOP ;

À tous mes parents et amis ;

À tous les clients de mon Cabinet CECA – SARL ;

À mes maîtres et professeurs qui m'ont appris à lire, à écrire et qui m'ont formé ;

À mes confrères et consœurs de l'ONECCA du Sénégal ;

À tous les acteurs du secteur de la microfinance.

SIGLES ET ACRONYMES

ACEP : Alliance pour le Crédit et l'Épargne pour la Production

APSFD : Association Professionnelle des Systèmes Financiers Décentralisés

AT/CPEC : Cellule d'Assistance Technique aux Caisses Populaires d'Épargne et de Crédit, devenue depuis 2009 la DRS/SFD

BCEAO : Banque Centrale des États de l'Afrique de l'Ouest

CAPEC : Caisse Populaire d'Épargne et de Crédit

CFCE : Contribution Forfaitaire à la Charge des Employeurs

CFPB : Contribution Foncière des Propriétés Bâties

CGI : Code général des impôts

CGU : Contribution Globale Unique

CIMA : Conférence Interafricaine des Marchés d'Assurances

CMS : Crédit Mutuel du Sénégal

DRS /SFD : Direction de la Règlementation et de la Supervision des Systèmes Financiers Décentralisés

GEC : Groupement d'Épargne et de Crédit

GIE : Groupement d'Intérêt Économique

HT : Hors Taxes

IMCEC : Institutions Mutualistes ou Coopératives d'Épargne et de Crédit
IMF : Institution de Microfinance ou Impôt du Minimum Fiscal
IR : Impôt sur le revenu
IS : Impôt sur les Sociétés
MEC : Mutuelle d'Épargne et de Crédit
NINEA : Numéro d'Identification National des Entreprises et Associations
OHADA : Organisation pour l'Harmonisation du Droit des Affaires en Afrique
ONG : Organisation Non Gouvernementale
PAMECAS : Partenariat pour la Mobilisation de l'Épargne et du Crédit au Sénégal
PARMEC : Projet d'Appui à la Réglementation des Mutuelles d'Épargne et de Crédit
PCB : Plan Comptable Bancaire
SA : Société Anonyme
SARL : Société À Responsabilité Limitée
SCM : Société Commerciale de Microfinance
SFD : Systèmes Financiers Décentralisés
SNC : Société en Nom Collectif
SUARL : Société Unipersonnelle À Responsabilité Limitée
SYSCOA : Système Comptable de l'Ouest-Africain
TOB : Taxe sur les Opérations Bancaires
TTC : Toutes Taxes Comprises
TVA : Taxe sur la Valeur Ajoutée
UEMOA : Union économique et monétaire ouest-africaine
U-IMCEC : Union des Institutions Mutualistes Communautaires d'Épargne et de Crédit

PRÉFACE

Les systèmes financiers décentralisés, apparus au Sénégal au début des années 1980, ont connu un franc succès dans ce pays et dans la sous-région ouest-africaine. Ils se sont, d'emblée, posés en alternative à un système bancaire qui n'avait pas su apporter les réponses attendues au financement des activités artisanales de par leur taille et informelles de par leur manque de statut juridique explicite. Si l'on sait que dans les pays de l'UEMOA les entités répondant à cette double qualification représentent, en nombre, plus de 70 % du tissu économique, il apparaît clairement l'importance du vivier naturel des SFD, et l'apport considérable qui peut être le leur dans le processus de développement des pays concernés.

Les pouvoirs publics ont tôt fait de comprendre l'importance de ce phénomène et la nécessité de l'organiser et de l'encadrer par un corpus de textes législatifs et réglementaires, en particulier par une fiscalité dont les ambitions affichées sont l'efficacité dans l'atteinte des objectifs budgétaires et un franc encouragement de toutes les initiatives privées porteuses de développement.

Abou WÉLÉ aborde cette fiscalité avec l'œil d'un praticien de l'entreprise. La riche expérience qu'il a développée en cabinet d'expertise comptable transparaît au travers du développement, faisant appel à une bonne connaissance de la fiscalité des SFD, mais encore à une réelle maîtrise de la comptabilité spéciale de ces entités et du droit des affaires en vigueur. Tout au long de cet exposé, l'auteur incarne le prototype du parfait expert comptable qui, par sa polyvalence, est l'un des premiers conseils de l'entrepreneur. S'agissant de systèmes financiers décentralisés d'un pays en voie de développement et d'utilisateurs, personnes physiques ou morales, de ces systèmes, cette notion de conseil prend la dimension de véritable « tiers de confiance ».

Le résultat de l'exercice est un ouvrage exposant, avec un souci pédagogique de tous les instants, les principales dispositions fiscales applicables aux SFD et les textes de référence qui les fondent. Le présent livre sera dès lors un viatique fort utile à tout usager de la fiscalité des SFD. En présentant un condensé de l'état de la législation, il permet également d'appréhender, à l'échelle macroéconomique, les leviers pertinents d'une politique d'incitation à un financement de l'économie par les systèmes financiers décentralisés.

Mbaye THIAW
Expert-comptable,
Commissaire aux Comptes,
Diplômé de l'École Nationale des Impôts
de Clermont-Ferrand - France

INTRODUCTION

Née au Sénégal il y a une trentaine d'années, la microfinance connaît aujourd'hui, dans l'espace économique de l'UEMOA, un développement et des résultats considérables qui lui ont donné une place importante dans toutes les politiques économiques et de lutte pour la réduction de la pauvreté mises en place par les États membres au cours de ces cinq dernières années.

En effet, en considérant le volume de crédit et d'épargne, le nombre de bénéficiaires de leurs services, le nombre d'emplois créés, etc., on remarque aisément que ce secteur participe activement à l'amélioration des revenus et des conditions de vie des populations pauvres africaines et dont les femmes, acteurs de développement économique incontournables, constituent heureusement la proportion la plus significative.

Ainsi, le dernier rapport du ministère de l'Économie et des Finances sur les SFD révèle que :

- le nombre d'autorisations d'exercer délivrées est passé, entre 2003 et 2007, de 724 à 889,
- les bénéficiaires des institutions de microfinance sont passés de 623 000 individus en 2003 à 871 000 en 2007,
- les dépôts (épargne) sont passés du simple au double et l'encours s'est situé à plus de 97 milliards à la fin de 2007,

- l'encours de crédit s'est élevé à 119 milliards alors qu'en 2003, le montant total des prêts octroyés était de 53 milliards de francs CFA.

L'importance du rôle que peuvent jouer les Systèmes Financiers Décentralisés (SFD) dans le financement des activités économiques des populations exclues du système bancaire classique fait que les États ont compris très tôt qu'ils doivent définir leur cadre d'intervention, leur mode de fonctionnement ainsi que les modalités relatives à une surveillance externe rigoureuse par les autorités de tutelle.

Ainsi, grâce au Projet d'Appui à la Réglementation des Mutuelles et Coopératives d'Épargne et de Crédit (PARMEC), exécuté par la BCEAO avec l'assistance technique de la Caisse Desjardins (CANADA), a vu le jour, entre 1995 et 1998, une première réglementation du secteur. Au Sénégal, la loi n° 95-03 du 5 janvier 1995 portant réglementation des institutions mutualistes ou coopératives d'épargne et de crédit a été complétée par le décret d'application n° 97.1106 du 11 novembre 1997. À ces textes législatifs, s'ajoutent les Instructions de la BCEAO de mars 1998 relatives à la tenue de la comptabilité, aux règles de classification des crédits sains et de déclassement des crédits en souffrance, aux ratios prudentiels et au contenu du rapport annuel d'activités.

Mais les autorités de tutelle, considérant la mission sociale que jouent ces SFD, ont inséré dans la loi des dispositions relatives aux incitations fiscales (cf. art. 30 et 31 de la loi n° 95-03 du 5 janvier 1995). Essentiellement, l'État visait, à travers ces dispositions :

- d'une part, à participer à la réduction du coût des opérations de crédit et de collecte de l'épargne ;
- et, d'autre part, à stimuler l'épargne publique en exonérant la rémunération des déposants de tout impôt.

Cependant, comme l'a bien souligné Monsieur Denis H. Acclassato (cf. Incitations et Freins dans la Réglementation des Institutions de Microfinance dans l'UEMOA : La loi PARMEC revisitée), « cette mesure a créé une grande confusion au point que l'ensemble des activités de l'IMF ont été exemptées d'impôts, y compris celles relatives aux biens immobiliers. Il en va de même de l'impôt sur traitements et salaires que certaines IMF payent, contrairement à d'autres. De plus, la loi ne dit rien quant à l'impôt qui doit frapper les sociétés de microfinance et ONG à but lucratif, mais à volet microfinance. Cela découle de la non-clarification des formes d'organisation des institutions. Cette clarification est faite dans la loi CEMAC. Cette dernière, dans sa loi sur la microfinance, distingue trois types d'institutions : les établissements de type associatif, coopératif ou mutualiste, fonctionnant en circuit quasiment fermé, au bénéfice des seuls membres ; les sociétés anonymes qui constituent de petites « banques de microfinance » avec des activités de collecte d'épargne et d'octroi de crédit en faveur d'un public de micro-entrepreneurs et enfin les structures ne collectant pas d'épargne. Dans cette dernière catégorie, on y classe les établissements de microcrédit, de projets, des sociétés ou de sociétés de caution mutuelle ».

Prenant en considération de ces confusions et mauvaises interprétations des dispositions des articles 30 et 31 de la loi n° 95-03, le législateur a apporté des précisions concernant les SFD bénéficiaires de ces exonérations dans le cadre des nouveaux textes de 2008 (cf. loi n° 2008-47 du 3 septembre 2008 portant réglementation des Systèmes Financiers Décentralisés au Sénégal et le décret n° 2008 - 1366 du 28 novembre 2008 portant application de la loi relative à la réglementation des Systèmes Financiers Décentralises au Sénégal).

Cette nouvelle loi distingue (cf. article 15), selon la forme juridique, deux catégories de SFD :

1. Les systèmes financiers décentralisés constitués sous forme de sociétés anonymes, de sociétés à responsabilité limitée,
2. les systèmes financiers décentralisés agréés sous forme de sociétés coopératives ou mutualistes ou d'associations.

En vertu des dispositions de la nouvelle loi, la première catégorie de SFD est exclue du champ d'application des exonérations fiscales. En d'autres termes, ces SFD, qui peuvent être considérés comme de petites banques de microfinance, sont soumis au régime d'imposition des opérations et des revenus annuels des banques et établissements financiers. Ils doivent facturer la taxe sur les opérations qu'ils effectuent quotidiennement et s'acquitter de l'impôt sur les bénéfices annuels (régime de l'impôt sur les sociétés ou I.S.).

Les exonérations ne visent désormais que les institutions mutualistes et les coopératives d'épargne et de crédit (IMCEC). Pour les associations, la nouvelle loi ne donne aucune précision concernant le régime fiscal des opérations effectuées et des bénéfices annuels réalisés.

Alors que les dispositions de la nouvelle loi sont très claires (cf. art. 118 et 119), car les SFD ne sont exonérés que des impôts et taxes relatifs aux opérations de collecte de l'épargne et de distribution de crédit, de nombreux acteurs de la microfinance continuent à considérer que ces structures sont exemptées de tous les impôts et taxes.

Dans nos développements ultérieurs, nous verrons que l'exonération de ces SFD de l'impôt sur les sociétés (IS) est une réalité puisqu'elle est prévue par les dispositions du Code général des impôts (CGI) et que les dispositions des articles 118 et 119 de la nouvelle loi portant réglementation des SFD ne visent pas l'impôt sur le revenu annuel et, en plus, ils doivent s'acquitter d'autres impôts et taxes.

Ce livre a donc pour objectif essentiel d'apporter notre contribution dans la clarification :

- des exonérations fiscales dont les SFD peuvent bénéficier,
- des impôts et taxes auxquels ils restent soumis, selon la législation sénégalaise en vigueur.

Nous avons jugé nécessaire d'apporter cette contribution, à la suite des nombreuses missions de diagnostic comptable, d'audit financier et de certification des états financiers annuels ainsi que d'assistance comptable que nous avons effectuées pour le compte de SFD ou de bailleurs de fonds établis au Sénégal et à l'étranger. Au cours de nos travaux, nous avons régulièrement relevé des confusions ou de mauvaises interprétations des dispositions relatives aux exonérations fiscales des SFD et des manquements dans le respect des dispositions du Code général des impôts en vigueur.

PREMIÈRE PARTIE

PERSONNES
ET
OPÉRATIONS EXONÉRÉES

En fin 2008, il a été adopté au Sénégal de nouveaux textes (loi n° 2008-47 du 3 septembre 2008 et décret d'application n° 2008 - 1366 du 28 novembre 2008) relatifs à la réglementation des Systèmes Financiers Décentralisés (SFD).

Dans la loi n° 2008-47 du 03 septembre 2008 portant réglementation des Systèmes Financiers Décentralisés au Sénégal, le législateur a retenu (art. 15) quatre formes de personnes morales pour la constitution des SFD :

1. sociétés anonymes,
2. sociétés à responsabilité limitée,
3. sociétés coopératives ou mutualistes,
4. associations.

Comme dans le cadre de la première loi (cf. loi n° 95-03 du 5 janvier 1995), le législateur est resté constant dans le désir de combiner l'objectif social de réduction de pauvreté et l'objectif d'efficacité de l'institution de microfinance. En effet, dans la nouvelle loi, les dispositions (cf. art. 118 et 119 de la nouvelle loi) exonérant d'impôt les activités d'épargne et de crédit des SFD ont été maintenues.

Cependant, la nouvelle loi a clairement précisé le champ d'application des exonérations fiscales accordées aux SFD. Désormais, seules les Institutions Mutualistes et les Coopératives d'Épargne et de Crédit (IMCEC) sont concernées.

Pour traiter le thème « personnes et opérations exonérées », nous avons divisé notre étude en trois chapitres :

- chapitre 1 : SFD et opérations exonérées,
- chapitre 2 : L'impôt sur le revenu annuel,
- chapitre 3 : Identification fiscale et obligations déclaratives.

CHAPITRE 1

SFD ET OPÉRATIONS EXONÉRÉES

Ce chapitre 1 traitera les aspects suivants :

- Les SFD concernés (Section 1),
- les opérations exonérées (Section 2),
- les membres et les impôts visés (Section 3),
- la durée des exonérations (Section 4),
- autres exonérations (Section 5),
- les impôts et taxes à supporter (Section 6).

SECTION 1
LES SFD CONCERNÉS

1.1 Les dispositions de l'article 118 de la nouvelle loi

Le chapitre 6 de la loi n° 2008-47 du 3 septembre 2008 relatif aux incitations fiscales est intégré dans le titre 5 traitant les dispositions propres aux Institutions Mutualistes ou Coopératives d'Épargne et de Crédit (IMCEC). Ce chapitre ne comprend que deux articles : 118 et 119.

Les dispositions de l'article 118 stipulent que « les institutions mutualistes ou coopératives d'épargne et de crédit sont exonérées de tout impôt direct ou indirect, taxe ou droit afférents à leurs opérations de collecte de l'épargne et de distribution du crédit. »

L'article 118 a fait une énumération limitative :

- des SFD visés,
- et des opérations concernées.

Seules donc les IMCEC sont bénéficiaires de cette exonération. Ainsi, les SFD constitués sous forme de sociétés commerciales (SA ou SARL) sont exclus. Il en est de même pour les institutions de microfinance pouvant exceptionnellement revêtir la forme d'autres personnes morales prévues par l'article 15 et dont une instruction de la Banque centrale déterminera, en cas de besoin, les formes juridiques qui sont concernées par cette dérogation.

1.2 Définition des concepts et principes de base de la gestion des IMCEC

1.2.1 Définition de l'IMCEC

Une institution mutualiste ou coopérative d'épargne et de crédit est définie par la loi (cf. art. 1 de la loi n° 2008-47) comme « un groupement de personnes, doté de la personnalité morale, sans but lucratif et à capital variable, fondé sur les principes d'union, de solidarité et d'entraide mutuelle, et ayant principalement pour objet de collecter l'épargne de ses membres et de leur consentir du crédit ».

Il ressort, de cette définition, des concepts clés dont le sens mérite d'être éclairci : groupement de personnes, personnalité morale, sans but lucratif, et capital variable.

1.2.2 Définition des autres concepts

Groupement de personnes

Par groupement de personnes, il faut entendre que l'appartenance à une institution ou coopérative est volontaire, fondée sur l'*intuitu personae*, et qu'il ne saurait ni être obligatoire, ni résulter d'un état de fait.

Personnalité morale

La personnalité morale d'une IMCEC naît de son agrément par l'autorité de tutelle (cf. art. 88 de la loi n° 2008-47). À cet instant, elle dispose d'un patrimoine social, elle existe, elle peut agir en justice ou être soumise aux dispositions relatives à l'organisation des procédures collectives d'apurement du passif (redressement judiciaire et liquidation des biens) prévues aux articles 126 et suivants de la même loi.

Sans but lucratif

Un organisme sans but lucratif (ou à but non lucratif) est constitué à des fins morales, altruistes, sociales, éducatives, religieuses, philanthropiques, de santé, etc., et dont les activités ne doivent procurer aucun avantage économique direct à ses membres ou donateurs.

Il convient de relever, ici, la confusion faite souvent de la notion de résultat bénéficiaire, lié à l'activité, avec la notion de partage des bénéfices. Il faut donc dissocier l'activité, qui peut être bénéficiaire (les fameuses « opérations lucratives ou non lucratives » au sens fiscal), et la finalité qui sera, pour les associations, les coopératives et les mutuelles, notamment d'intérêt collectif, de ne pas rechercher le profit pour le profit et surtout de ne pas se répartir les bénéfices générés par la réalisation de leurs objectifs liés ou non à des activités économiques.

De plus en plus, ces organisations (cf. SCOP HEBDO n° 33 du 8 décembre 2006) « ont une activité économique afin de limiter leur dépendance face aux subventions des bailleurs, aux aides publiques, aux apports et cotisations des membres souvent insuffisants.

Elles appliquent, en fait, tout simplement le principe de bon sens selon lequel toute structure doit produire plus de richesses qu'elle n'en consomme ».

Dans un arrêt de la chambre sociale du 12 novembre 1999 (n° 94-43-859), la Cour de cassation française a décidé que « Dès lors qu'il n'y a pas partage des bénéfices, l'exercice par une association d'activités lucratives n'a pas, à lui seul, pour conséquence de changer sa nature juridique ».

Ceci s'est trouvé également confirmé par la Cour de Justice de la Communauté Européenne (CJCE) dans une décision du 21 mars 2002 (cf. Affaire 174/00) relative à la gestion désintéressée, aux termes de laquelle « l'organisme ne doit procéder à aucune distribution directe ou indirecte de bénéfices, sous quelque forme que ce soit ; s'il cherche à réaliser des excédents, il doit les affecter, par la suite, à l'exécution de ses prestations ou à des projets entrant dans le champ de l'objet non lucratif ».

Capital variable

Comme les coopératives (cf. la loi n° 83-07 du 28 janvier 1983 portant Statut Général des Coopératives), les IMCEC peuvent être constituées avec un capital variable, c'est-à-dire susceptible d'augmenter ou de diminuer constamment, soit au moyen de nouvelles adhésions de membres, soit par des reprises d'apports au capital social résultant du retrait de sociétaires pour diverses raisons : démission, exclusion ou décès.

La clause de variabilité du capital présente de l'intérêt lorsqu'il se produit des changements fréquents dans la composition des membres du SFD, car elle permet les admissions et les retraits sans avoir à réunir à chaque fois une assemblée générale extraordinaire pour modifier le capital social, d'où un gain de temps et d'argent non négligeable.

Un autre avantage reconnu à cette clause est la possibilité de prévoir dans les statuts l'exclusion d'un membre par mesure disciplinaire ou par toute autre raison déterminée (par exemple si la personne ne répond plus aux conditions requises pour être membre de l'IMCEC).

1.2.3 Principes de base

L'article 85 de la loi n° 2008-47 stipule que « les institutions mutualistes ou coopératives d'épargne et de crédit sont régies par les principes de la mutualité ou de la coopération. Elles sont tenues de respecter les règles d'action mutualiste ou coopérative ».

Comme dans le cas des organisations privées à but non lucratif de protection sociale (cf. Alain COHEUR, rapport technique n° 27 / Association internationale de la sécurité sociale, 2008), on peut retenir quatre principes de base caractérisant les IMCEC :

- la solidarité,
- l'absence de rémunération de l'actionnariat,
- la liberté d'adhésion et la gestion démocratique,
- l'autonomie de gestion.

Solidarité

L'article 1 de la loi n° 2008-47 précité précise que le fonctionnement des IMCEC est « fondé sur les principes d'union, de solidarité et d'entraide mutuelle ».

Ce principe repose sur la mise en commun des ressources et des activités pour satisfaire les besoins de tous les sociétaires avant de répondre à des attentes individuelles par une action collective.

Ainsi, « chaque individu participe en fonction de ses capacités financières et doit bénéficier des prestations selon ses besoins et selon une politique de non-exclusion et de non-sélection, indépendamment de l'âge, du sexe, de l'état de santé, du niveau de revenu, ou sur la base de tout autre critère social, professionnel, religieux ou ethnique » (cf. Alain Coheur).

En vue de la mise en œuvre de cette solidarité, la nouvelle loi a prévu les mécanismes ci-après :

- *La mise en place d'un fonds de sécurité ou de solidarité (art. 114)*

Toute union, fédération ou confédération est tenue de constituer, dès sa création, un fonds de sécurité ou de solidarité destiné à faire face aux risques de gestion.

- *Le système de solidarité financière interne*

En vertu des dispositions de l'article 121 de la loi n° 2008 – 47, l'organe financier a principalement pour objet de centraliser et de gérer les excédents de ressources des institutions qui l'ont créé. Dans le cadre de l'exercice de ses fonctions, il peut contribuer à assurer la liquidité des institutions membres et leur solidarité financière interne.

- *La solidarité financière en cas de défaillance de certains membres*

Sous réserve des dispositions de l'article 103, « les opérations d'une union consistent, entre autres, à organiser la solidarité financière entre ses membres en cas de défaillance d'un ou de plusieurs d'entre eux, tout en veillant à la préservation de l'équilibre financier du réseau » (cf. art.104).

Absence de rémunération des parts sociales

L'actionnariat est généralement composé de parts sociales versées, à raison d'une part par membre, dès l'adhésion.

Cependant, la limitation de la rémunération des parts sociales fait partie des règles à respecter scrupuleusement par les IMCEC (cf. 85 de la loi n° 2008-47).

L'absence de rémunération des parts sociales permet d'employer la totalité des excédents financiers dans l'atteinte des objectifs et dans l'amélioration permanente des services fournis aux sociétaires.

L'interdiction de distribution de dividendes aux membres fait que les IMCEC se caractérisent comme étant des sociétés de personnes et non de capitaux. La distinction par rapport aux sociétés de capitaux étant la satisfaction des membres et non la recherche du profit, les excédents ne servent pas à rémunérer le capital.

Cependant, cela ne signifie pas l'absence de rentabilité, car pour être viables et pérennes, ces institutions doivent dégager des bénéfices (ou excédents).

Liberté d'adhésion et gestion démocratique

Ces organisations sont accessibles à toute personne remplissant les conditions éventuellement prévues dans les statuts et qui adhère à ses principes. La personne est acceptée comme membre, sans aucune forme de discrimination. De même, l'individu est libre de la quitter à tout moment.

Cette liberté est consacrée par les dispositions de l'article 26 : « sous réserve des dispositions particulières de la présente loi et des textes pris pour son application, les statuts des systèmes financiers décentralisés déterminent notamment l'objet et la durée de vie de l'institution, la localisation du siège social, les conditions d'adhésion, de suspension, de démission ou d'exclusion des membres, les modes d'administration et de contrôle ».

Les assemblées générales des membres doivent être démocratiques et permettre à chacun de s'exprimer librement. Le processus décisionnel sous la forme d'une démocratie représentative implique que les membres des organes d'administration et gestion (conseil d'administration et comité de crédit) ainsi que ceux de l'organe de contrôle soient élus par les sociétaires réunis en assemblée générale selon la règle "une personne, une voix". La qualité du membre et la participation aux décisions ne sont nullement fonction de l'importance du capital détenu par un éventuel actionnaire.

Autonomie de gestion

En matière d'autonomie de gestion, il s'agit bien de structures privées disposant d'une personnalité morale et ayant leurs propres instances de décision. En tant qu'organisations autonomes, elles ne doivent pas dépendre des subventions publiques ou des partenaires pour fonctionner. Cependant, elles sont tenues d'observer la législation nationale et sont soumises au contrôle par les autorités de tutelle.

1.2.4 IMCEC et autres groupements de personnes

IMCEC et sociétés commerciales

La société est constituée pour partager le bénéfice ou profiter de l'économie pouvant résulter de l'entreprise commune. En revanche, une IMCEC ne peut avoir pour but de partager des bénéfices.

C'est là toute la différence qu'il y a entre les deux catégories de SFD autorisées par la nouvelle loi. En effet, les SFD constitués sous forme de sociétés commerciales ont un but lucratif et c'est pour cette raison qu'ils ont été exclus par le législateur des incitations fiscales prévues à l'article 118 de la loi n° 2008 – 47 du 3 septembre 2008.

Pour la Cour de Cassation française, « l'expression-bénéfice… s'entend d'un gain pécuniaire ou d'un gain matériel qui ajouterait à la fortune des (membres) ». (cf. Cass. ch. réunies – 11 mars 1914 : D. 1914.I.257, note L.S.). Le bénéfice se traduit donc par un enrichissement (produit), mais le fait de réaliser une économie, c'est-à-dire d'éviter un appauvrissement (charge), ne constitue pas un bénéfice.

IMCEC et GIE

L'article 869 de l'Acte uniforme relatif au droit des sociétés commerciales et du GIE définit le groupement ainsi : « le groupement d'intérêt économique est celui qui a pour but exclusif de mettre en œuvre, pour une durée déterminée, tous les moyens propres à faciliter ou à développer l'activité économique de ses membres, à améliorer ou à accroître les résultats de cette activité.

Son activité doit se rattacher essentiellement à l'activité économique de ses membres et ne peut avoir qu'un caractère auxiliaire par rapport à celle-ci ».

Il est ajouté à l'article 870 que « le groupement d'intérêt économique ne donne pas lieu par lui-même **à** réalisation et à partage des bénéfices. Il peut être constitué sans capital ».

Si, du point de vue « réalisation et partage des bénéfices », il y a similitude entre les deux structures, tel n'est pas le cas en matière de :

- constitution de capital (une IMCEC a toujours un capital, mais variable, alors que le GIE peut ne pas en avoir) ;
- responsabilité des membres envers les créanciers : en effet, par rapport à l'institution, le GIE présente le

gravissime inconvénient de rendre ses membres indéfiniment et solidairement responsables des dettes du groupement (cf. art. 873 de l'Acte uniforme).

Alors que dans le cas des IMCEC (cf art. 93 de la loi n° 2008 – 47) « la responsabilité financière des membres vis-à-vis des tiers est engagée à concurrence d'au moins le montant de leurs parts sociales ».

À notre avis, l'expression « d'au moins » ne signifie pas « indéfiniment et solidairement responsables ».

IMCEC et autres catégories de coopératives

Au Sénégal, l'organisation et le fonctionnement des coopératives, quelle que soit la nature des activités qu'elles exercent, sont régis par la loi n° 83-07 du 28 janvier 1983 portant Statut Général des Coopératives (coopératives agricoles, scolaires, d'habitat. La comparaison entre ces deux lois révèle de nombreuses similitudes entre les IMCEC et les autres catégories de coopératives :

- les coopératives et leurs unions sont des groupements de personnes physiques ou morales de type particulier, fondées sur les principes d'union, de solidarité et d'entraide mutuelle, et dont les membres se sont volontairement regroupés pour atteindre un but économique et social commun, par la constitution d'une entreprise gérée démocratiquement, à leurs avantages et risques communs, et au fonctionnement de laquelle ils participent activement ;
- les coopératives n'ont pas de but lucratif. Elles agissent en qualité de mandataires de leurs membres ;
- le nombre des adhérents et le montant du capital social des coopératives sont variables ;
- les coopératives sont régies par les principes coopératifs de l'adhésion libre, de la gestion

démocratique, de l'équité dans la répartition éventuelle des résultats économiques, de l'éducation et de l'inter coopération. Leurs statuts y font expressément référence ;

- leur constitution est soumise à l'agrément de l'autorité administrative compétente.

IMCEC et associations

Une association est un regroupement d'au moins deux personnes qui décident de mettre en commun des moyens afin d'exercer une activité dont le but n'est pas leur enrichissement personnel ; c'est pourquoi on parle aussi d'association à but non lucratif, ou d'association sans but lucratif. Le caractère désintéressé interdit la distribution d'un bénéfice aux associés, mais il n'implique pas que l'activité soit déficitaire ; un bénéfice peut servir à développer l'activité.

Une association est une société de personnes et de droit privé dont l'objet social ne doit ni être commercial, ni être lucratif. Dans le cas des IMCEC, l'objet est commercial, mais le but n'est pas de partager des bénéfices (cf. art. 85 de la loi n° 2008 – 47 qui prévoit la limitation de la rémunération des parts sociales).

La comparaison entre les deux formes juridiques révèle de nombreuses similitudes puisque dans les deux cas, il s'agit d'un groupement :

- de personnes,
- doté d'une personnalité morale,
- créé sans but lucratif,
- fondé sur les principes d'union, de solidarité et d'entraide mutuelle.

Les différences se situent alors au niveau du capital et de l'objet. Alors que l'IMCEC est dotée d'un capital variable, l'association ne l'est pas. Quant à l'objet, l'IMCEC est créée exclusivement pour collecter l'épargne de ses membres et leur consentir du crédit, contrairement à l'association qui peut avoir un objet différent.

Toutefois, il convient de souligner que les associations font aujourd'hui partie, avec les coopératives et les mutuelles, des formes sociétales de l'économie sociale qui ont en commun de participer à la vie économique sans rechercher le profit.

SECTION 2
LES OPÉRATIONS EXONÉRÉES

2.1 Clarification

L'article 118 précité a énuméré les opérations visées. En effet, il s'agit exclusivement des opérations de :

- collecte de l'épargne ;
- distribution de crédit.

Toute autre opération est exclue : achats de biens ou de services, paiement de salaires, etc.

Il convient de préciser également que cet article ne mentionne pas l'exonération du SFD de l'impôt sur le revenu annuel, comme beaucoup le pensent. La loi fiscale étant d'interprétation stricte, on ne peut considérer cet impôt comme faisant partie des impôts directs ou indirects, des taxes ou droits afférents aux opérations de collecte de l'épargne et de distribution du crédit des SFD.

Nous verrons au chapitre 3 de cette première partie du livre que les IMCEC sont effectivement exonérées de l'impôt sur le revenu annuel du fait des dispositions du CGI et non de celles de la loi n° 2008 - 47 portant la réglementation des SFD.

2.2 Motif de l'exonération

En accordant cette exonération uniquement aux IMCEC, l'État vise à participer à la réduction du coût des opérations facturées aux membres et clients de ces institutions.

En effet, si les institutions concernées devraient tenir compte des impôts et taxes sur les opérations réalisées, le coût de ces dernières allait sensiblement augmenter (cas de la taxation des intérêts sur crédit) ou le revenu gagné connaîtrait une diminution (cas du prélèvement d'impôt sur la rémunération de l'épargne). Cela pourrait alors se traduire par un découragement ou une démotivation des sociétaires à solliciter des crédits ou à confier leur modeste épargne à ces institutions.

L'État s'est donné une obligation de participer au développement et à la pérennité des institutions mutualistes ou des coopératives qui assurent à la fois deux missions apparemment contradictoires : la lutte contre la pauvreté par l'amélioration des revenus des populations démunies (mission sociale) et la fourniture de services financiers de proximité rentables (mission économique).

Ainsi, en renonçant aux impôts et taxes qu'il aurait dû collecter sur les opérations effectuées par ces structures, l'État manifeste sa volonté d'encourager les populations à solliciter le crédit pour le financement de leurs activités économiques auprès de ces dernières, mais également de stimuler le dépôt de l'épargne dans les caisses de ces institutions.

Il convient en outre de remarquer que les opérations visées sont celles qui font gagner aux IMCEC des revenus (intérêts à encaisser sur crédits) ou qui permettent de diminuer les coûts d'acquisition des ressources financières (intérêts à verser sur épargne). En d'autres termes, les IMCEC ne sont pas exonérées des droits de douane, de la TVA et autres taxes sur les achats de biens et services qu'elles peuvent engager dans le cadre de leur fonctionnement normal.

Par ailleurs, il faut rappeler que la mobilisation de l'épargne nationale au profit des banques et établissements financiers assimilés a été une préoccupation constante du législateur sénégalais. En effet, les dispositions de l'article 60 du CGI stipulent que «sont exonérés de l'impôt sur le revenu les intérêts des sommes inscrites sur les livrets d'épargne des personnes physiques à condition qu'ils soient servis par une banque, un établissement financier ou une caisse d'épargne situés au Sénégal ».

2.2.1 Impôts et taxes visés par l'exonération

Selon la nature de l'opération, les impôts ou taxes visés sont les suivants :

Opérations relatives à la collecte de l'épargne

Pour cette catégorie d'opérations, les IMCEC sont exonérées :

- de la retenue à la source sur les revenus des créances, dépôts et cautionnements,
- du droit de timbre sur les quittances de versement d'espèces (par exemple : constitution d'épargne libre, apport personnel dans le cadre d'un prêt).

2.2.2 La retenue à la source sur les revenus des créances, dépôts et cautionnements

Sont considérés comme revenus des créances, dépôts et cautionnements pour l'application de l'impôt sur les revenus les intérêts, arrérages et tous autres produits (art. 58 du CGI) :

- des créances hypothécaires, privilégiées et chirographaires, à l'exclusion de toute opération commerciale ne présentant pas le caractère juridique d'un prêt ;
- des dépôts de sommes d'argent à vue ou à échéance fixe, quel que soit le dépositaire et quelle que soit l'affectation du dépôt ;
- des cautionnements en numéraire ;
- des comptes courants ;
- des bons de caisse.

La base imposable est constituée par le montant brut des intérêts, arrérages et tous autres produits des valeurs désignés ci-dessus et fait l'objet d'une retenue à la source par la personne qui assure le paiement des dits revenus.

Le taux de la retenue à la source est fixé à 16 %. Toutefois, pour les intérêts, arrérages et autres produits des comptes de dépôts et des comptes courants ouverts dans les comptes d'une banque, d'un établissement de banque, d'un agent de changes, d'un courtier en valeurs mobilières et des comptables du Trésor, quelle que soit la date de l'ouverture des comptes, le taux de la retenue à la source est fixé à 8 %.

Il est important de noter que cette retenue à la source est due au seul fait, soit du paiement des intérêts effectué, quel que soit le moyen (chèque, virement, etc.), soit de leur inscription au débit ou au crédit d'un compte.

En application des dispositions de l'article 118 de la loi n° 2008-47 du 03 septembre 2008 portant réglementation des Systèmes Financiers Décentralisés au Sénégal ou de celles de l'article 60 du CGI précité (cf. § 2.2 ci-dessus), le SFD ne doit pas opérer la retenue à la source sur les intérêts générés par les sommes inscrites dans les comptes des membres.

2.2.3 Le droit de timbre sur les quittances de versement d'espèces

Cet impôt est prévu par l'article 757 du CGI qui stipule que « sont soumis au droit de timbre des quittances les actes ou écrits faits sous signature privée, signés ou non signés, quelle que soit leur nature, leur forme et leur intitulé, qui emportent libération ou décharge de sommes, titres ou valeurs, ou qui constatent des paiements ou des versements de sommes, le droit est dû pour chaque acte, reçu, décharge ou quittance. Il n'est applicable qu'aux actes, pièces ou écrits ne contenant pas de dispositions autres que celles spécifiées au présent article ».

Les tarifs sont fixés ainsi qu'il suit (art. 758 du CGI) :

- 20 francs quand les sommes sont comprises entre 101 et 1000 FCFA,
- 150 francs quand les sommes sont comprises entre 1.001 et 10.000 FCFA,
- 200 francs quand les sommes sont comprises entre 10.001 et 50.000 FCFA,
- 100 francs en sus par fraction de 50.000 francs, quand les sommes sont supérieures à 50.000 francs.

Par dérogation, les reçus constatant des dépôts d'espèces effectués chez une banque, un établissement de banque, une entreprise ou un établissement financier, un courtier en valeurs mobilières ou une caisse de Crédit Agricole sont frappés d'un droit de timbre des quittances uniformes de 200 francs.

Cependant, en vertu des dispositions de l'article 118 de la loi n° 2008-47 du 3 septembre 2008 portant réglementation des Systèmes Financiers Décentralisés au Sénégal, les SFD ne sont pas soumis au droit de timbre des quittances uniformes de 200 francs.

Même en l'absence de l'article 118 précité, les SFD établis au Sénégal demeurent exemptés de ce droit, si on se réfère aux dispositions de l'article 730 du CGI : « sont exempts de droits, tous les actes intéressant les sociétés mutualistes, ainsi que les fédérations d'unions de sociétés mutualistes ».

En effet, on ne pourrait penser que cette exonération ne vise que les sociétés d'assurance mutuelles prévues par les dispositions de l'article 330 du Code CIMA.

À notre avis, il faut comprendre par « sociétés mutualistes » toute structure à objet non commercial et régie par les principes de la mutualité ou de la coopération, comme c'est le cas des sociétés d'assurances mutuelles et des IMCEC.

Opérations relatives à la distribution de crédit

Les exonérations concernent :

- la taxe sur le chiffre d'affaires ou la TOB,
- le droit de timbre sur versement d'espèces (par exemple : remboursement de crédit).

2.2.4 La taxe sur le chiffre d'affaires ou TOB

La taxe sur les opérations bancaires (TOB) est instituée par les dispositions des articles 323 et suivants du CGI. Elle s'applique aux intérêts, commissions et autres rémunérations perçues par les banques et établissements financiers agréés au Sénégal sur les crédits, prêts, avances, engagements par signature et opérations de service réalisées avec des personnes physiques ou morales, quel que soit leur domicile.

Cependant, en application des dispositions de l'article 118 de la loi 2008-47 précitée, les IMCEC sont exonérées de cette taxe.

2.2.5 Le droit de timbre sur les quittances de versement d'espèces

Les dispositions pertinentes de l'exonération ont été rappelées au paragraphe 2.3.1 - b.

SECTION 3
LES MEMBRES ET LES IMPÔTS VISÉS

3.1 Les membres

L'article 119 de la loi n° 2008 – 47 du 3 septembre 2008 stipule que « les membres de ces institutions sont également exonérés de tous impôts et taxes sur les parts sociales, les revenus tirés de leur épargne et les paiements d'intérêts sur les crédits qu'ils ont obtenus de l'institution ».

Ne sont donc concernés que les sociétaires des IMCEC et la preuve de la qualité de membre ne pose aucune difficulté. En effet, on ne devient membre de ces institutions qu'après avoir versé obligatoirement une part sociale et fourni les pièces exigées pour l'adhésion.

En outre, seuls les membres peuvent bénéficier des services financiers offerts par l'institution.

Par ailleurs, il convient de rappeler que les relations entre le membre et l'institution sont prévues par les articles 90 et suivants de la loi n° 2008 – 47 du 3 septembre 2008 :

- « outre ses membres fondateurs, peuvent être membres d'une mutuelle ou d'une coopérative toutes autres personnes qui partagent un lien commun au sens de la présente loi. Chaque membre souscrit au moins une part sociale ;
- au sens de la présente loi, le lien commun s'entend de l'identité de profession, d'employeur, du lieu de résidence, d'association ou d'objectif ;

- toute démission, exclusion ou décès d'un membre donne lieu à l'apurement du solde de ses créances et dettes à l'égard de l'institution ;
- après cet apurement, le membre démissionnaire ou exclu ou les ayants droit du membre décédé ne disposent d'aucun droit sur les biens de l'institution ;
- la responsabilité financière des membres vis-à-vis des tiers est engagée à concurrence d'au moins le montant de leurs parts sociales.

3.2 Les impôts et taxes visés

Les impôts visés par l'article 119 précité sont les suivants :

la retenue à la source sur les capitaux mobiliers :

- lorsqu'il y a une rémunération des parts sociales,
- des revenus tirés des dépôts effectués ;

la TOB devant s'ajouter sur les intérêts à payer sur les crédits obtenus ;

la TVA sur les revenus de créances sur les intérêts servis (considérés comme prestations), que le membre devrait facturer au SFD au moment de la rémunération de son épargne.

L'application de la TVA sur les revenus de créances sur les intérêts servis résulte de l'extension de la notion de prestations de services au Sénégal par la loi fiscale n° 2004-12 du 06.02.04 (art. 286 du CGI).

Désormais, par prestation de services au Sénégal, il faut entendre aussi « toute opération autre qu'une vente ou une livraison à soi-même de biens corporels ou de travaux immobiliers, lorsque le service rendu, le droit cédé ou concédé, l'objet ou le matériel loué sont utilisés ou exploités au Sénégal ».

Ainsi, d'après l'Administration fiscale, les intérêts perçus par un contribuable à titre de rémunération des placements effectués auprès des établissements financiers s'analysent comme des prestations de services soumises à la TVA.

À cet effet, la DGID a sorti une note de service (n° 0000189 MEF/DGID/BLC/LEG1 du 25 juillet 2008) relative aux modalités de liquidation de la TVA et de la retenue à la source sur les revenus des créances sur les intérêts servis aux déposants.

SECTION 4
LA DURÉE DES EXONÉRATIONS

La loi n'a pas précisé la durée des exonérations et elle doit être, par conséquent, considérée comme illimitée dans le temps et sur le territoire du Sénégal.

Cependant, les autorités de tutelle peuvent, pour une raison ou pour une autre, revenir sur cette mesure par le biais d'une nouvelle loi.

Dans certains pays comme la Mauritanie (Cf. Ordonnance n° 005/2007 du 12 janvier 2007 portant réglementation des établissements de microfinance), la durée des exonérations fiscales des IMF est fixée à dix ans et il est mis en place un régime fiscal préférentiel applicable aux institutions de base et à leurs structures faîtières opérant dans les zones rurales ou enclavées.

SECTION 5
AUTRES EXONÉRATIONS

Nous allons examiner les cas d'exonération suivants :

- la TOB sur les opérations effectuées avec les banques,
- le droit d'enregistrement des actes,
- la patente.

5.1 La TOB sur les opérations effectuées avec les banques

En vertu des dispositions de l'article 323 du CGI, les banques et établissements financiers assimilés sont assujettis à la TOB. Sauf exemption de la loi, ils doivent facturer cette taxe sur toutes les opérations effectuées.

Sur la base de cette règle, lorsqu'une IMCEC ouvre un compte dans une banque ou dans un établissement financier, elle devrait alors supporter cette taxe sur les opérations effectuées (Agios trimestriels, intérêts sur prêts, commissions diverses, etc.).

Or, avec leur statut d'établissements financiers, ils sont exonérés de la TOB sur les opérations effectuées avec les banques conformément aux dispositions de l'article 324 qui stipulent que « sont exonérés de la taxe sur les opérations bancaires les intérêts sur prêts, avances, dépôts en compte correspondants fonctionnant comme tels, engagements par signature ou opérations assimilées, conclus ou réalisés entre banques ou entre banques et établissements financiers installés ou non au Sénégal ».

5.2 Le droit d'enregistrement des actes

Dans la vie courante des SFD, comme dans toute entreprise commerciale, la réalisation des activités est souvent effectuée par la signature des contrats pour donner preuve matérielle aux relations ainsi établies avec les membres, le personnel et les tiers. Dans le cas des SFD, les contrats suivants sont habituels :

- contrat d'adhésion d'un membre au SFD,
- contrat de prêt,
- contrat de dépôt à terme,
- contrat de travail,
- contrat de location,

- contrat de prestations de services,
- etc.

L'objet de cette étude est de tenter de trouver une réponse aux questions suivantes :

- est-ce que les SFD sont soumis à la formalité de l'enregistrement des contrats ?
- si oui, est-ce que tous les contrats sont concernés ?

Quelques dispositions pertinentes

À la lecture des dispositions des articles suivants, on répondrait par l'affirmative à la première question.

En effet, l'article 410 du CGI stipule que « le droit fixe s'applique aux actes qui ne constatent ni transmission de propriété, d'usufruit ou de jouissance de biens meubles ou immeubles, ni marché, ni condamnation de sommes et valeurs, ni apport en mariage, ni apports en société, ni partage de biens meubles ou immeubles, et, d'une façon générale, à tous autres actes, même exempts de l'enregistrement, qui sont présentés volontairement à la formalité ».

En outre, l'article 468 du CGI dispose : « sont assujettis au droit de 5 %, lorsque la durée est limitée, les baux, sous-baux et prorogations conventionnelles ou légales de baux d'immeubles, de fonds de commerce et autres biens meubles. La valeur servant d'assiette à l'impôt est déterminée par le prix annuel, augmenté des charges imposées du preneur».

À l'article 607 du Code, il est ajouté que « le droit proportionnel exigible sur les mutations de jouissance d'immeubles et de fonds de commerce est perçu lors de l'enregistrement de l'acte ou de la déclaration. .... Le droit proportionnel exigible sur les actes portant baux de meubles autres que les fonds de commerce est perçu lors de l'enregistrement de ces actes pour toute la durée du bail. Pour les locations inférieures à une année et renouvelables par tacite reconduction, le droit est perçu pour une année au moins ».

Cependant, il convient de rappeler que la loi a prévu de nombreux cas d'exemption du droit d'enregistrement.

Quelques cas d'exemption

Nous avons retenu :

- les sociétés mutualistes,
- les caisses d'épargne,
- les contrats de travail.

Les sociétés mutualistes (art. 730 du CGI)

Les dispositions de cet article exonèrent les IMCEC :

- du droit de timbre sur les quittances de versement,
- du droit d'enregistrement des actes de toute espèce, dans le cadre de la gestion normale des institutions.

Les caisses d'épargne (art. 701 du CGI)

Sont exempts de la formalité de l'enregistrement :

- les imprimés, écrits et actes de toute espèce, nécessaires pour le service des caisses d'épargne ;
- les actes de notoriété exigés par les caisses d'épargne, pour effectuer le remboursement, le transfert ou le renouvellement des livres appartenant aux titulaires décédés ou déclarés absents.

À notre avis, sont concernés par cette exemption :

- tous les SFD qui effectuent des opérations d'épargne et de crédit, quelle que soit leur forme juridique ;
- les contrats de toute sorte signés par ces SFD dans le cadre de leur fonctionnement normal.

Les contrats de travail (art. 732 du CGI)

Sont exempts de la formalité de l'enregistrement :

- les contrats de travail entre les chefs ou directeurs des établissements industriels ou commerciaux, des exploitations agricoles ou forestières et leurs ouvriers ou employés ;
- les certificats de travail délivrés aux ouvriers, employés ou serviteurs, encore qu'ils contiennent d'autres mentions que celles prévues au Code du Travail, toutes les fois que ces mentions ne contiennent aucune disposition donnant lieu au droit proportionnel ;
- les actes de procédure, les jugements et tous actes nécessaires à leur exécution, dans les procédures devant les tribunaux du travail. La même exemption profite aux causes portées en appel ou devant la Cour de Cassation, y compris les significations des arrêts définitifs.

5.3 La patente

Les dispositions de l'article 242 du CGI stipulent que « la contribution des patentes est perçue au profit des collectivités locales. Elle est due par toute personne qui exerce au Sénégal un commerce, une industrie, une profession, à l'exclusion des personnes exerçant des activités salariées au sens du Code du travail. Le fait habituel emporte seul l'imposition du droit de patente.

La contribution des patentes se compose d'un droit fixe et d'un droit proportionnel pour les professions énumérées dans les tableaux A et B, à la condition que l'activité soit soumise par ailleurs à un régime d'imposition de bénéfice réel.

En application des dispositions de cet article, on peut considérer que les IMCEC sont exonérées de la patente pour la simple raison qu'elles sont exemptées de l'impôt sur les bénéfices.

Il s'y ajoute que parmi les exonérations listées à l'article 243 du CGI (loi n° 2004-12 du 06.02.04) figurent les caisses d'épargne ou de prévoyance administrées gratuitement, comme c'est le cas des IMCEC.

En effet, l'article 23 du décret d'application n° 2008 - 1366 du 28 novembre 2008) de la nouvelle loi relative à la réglementation des Systèmes Financiers Décentralisés (SFD) stipule que « les fonctions exercées par les membres au sein des organes de l'institution ne sont pas rémunérées. Toutefois, les frais engagés par les membres des organes d'administration et de gestion ou de contrôle, dans l'exercice de leurs fonctions, peuvent leur être remboursés, dans les conditions fixées par décision de l'assemblée générale ».

SECTION 6
LES IMPÔTS ET TAXES À SUPPORTER

Sauf une disposition expresse ultérieure de la loi, les IMCEC doivent, en l'état actuel de la législation fiscale en vigueur au Sénégal, s'acquitter des impôts et taxes suivants :

1. les impôts et taxes sur salaires ainsi que la retenue de 5 % sur les sommes versées aux tiers,
2. la TVA et les droits de douane sur les achats de biens et services,
3. autres taxes : la contribution foncière sur les propriétés bâties et non bâties.

6.1 Retenues à la source sur les salaires et les sommes versées aux tiers

Les employés des SFD ne sont pas exemptés des retenues fiscales prévues sur les salaires versés. De même, les SFD sont assujettis à la retenue de 5 % devant être opérée sur les sommes versées aux tiers, personnes physiques.

Nous avons réservé la quatrième partie de ce livre à l'imposition des salaires du personnel des SFD et des rémunérations versées aux prestataires de services, personnes physiques.

6.2 TVA et droits de douane sur les achats de biens et services

Les SFD demeurent soumis aux droits et taxes sur les achats de biens et services ainsi que sur les importations.

Pratiquement, la TVA et les autres droits grevant ces achats sont enregistrés directement en charges du SFD (comme c'est le cas des établissements d'enseignement scolaire ou universitaire privés ou les cabinets de soins médicaux et paramédicaux).

Autrement dit, comme dans la fixation de ses taux d'intérêt, le SFD doit intégrer tous les coûts supportés ; alors, en comptabilisant cette taxe en charges, on augmente les coûts de l'institution, notamment les frais généraux.

Or on sait que (cf. Cours n°2 du CGAP sur la Gestion des impayés et le calcul du taux d'intérêt) le taux d'intérêt est calculé par la formule suivante :

$$T = \frac{FG + PC + CR + K - PP}{1-PC}$$

Où :
T = taux d'intérêt que l'IMF a besoin d'appliquer sur ses crédits
FG = frais généraux
PC = pertes sur crédits
CR = coûts des ressources, inflation comprise
K = taux de capitalisation souhaité
PP = produits des placements

Par ailleurs, le Cours n° 2 du CGAP nous enseigne que :

- les intérêts et les commissions sont la principale source de revenu de l'institution,
- les taux d'intérêt sont un facteur clé de la pérennité,
- les taux d'intérêt des institutions sont en compétition avec ceux du secteur informel (finance informelle).

C'est pour cette raison qu'on considère que le défi majeur des SFD est de réduire les charges d'exploitation, de devenir plus efficaces pour offrir un meilleur service et d'être compétitifs. A cet effet, les SFD pourraient craindre que la fiscalité ne constitue une contrainte supplémentaire dans la gestion et la maîtrise des coûts.

6.3 Autres taxes

Il s'agit principalement des taxes suivantes :

- la Contribution foncière des propriétés bâties (CFPB),
- la Contribution foncière des propriétés non bâties.

Nous étudions, dans les paragraphes suivants, les dispositions relatives à ces deux taxes.

Propriétés imposables

La contribution foncière des propriétés bâties est perçue au profit des collectivités locales. Elle est due sur :

- les propriétés bâties telles que maisons, fabriques, manufactures, usines et, en général, tous les immeubles construits en maçonnerie, fer et bois et fixés au sol à demeure, à l'exception de ceux qui en sont expressément exonérés par les dispositions du Code (art. 215 du CGI) ;
- les terrains non cultivés employés à un usage commercial ou industriel tels que chantiers, lieux de dépôts de marchandises et autres emplacements de même nature, soit qu'il les fasse occuper par d'autres à titre gratuit ou onéreux (art. 216 du CGI) ;
- l'outillage des établissements industriels attaché au fonds à perpétuelle demeure ou reposant sur des fondations spéciales faisant corps avec l'immeuble, ainsi que toutes installations commerciales ou industrielles assimilées à des constructions (art. 216 du CGI).

Cependant, la loi a prévu des exemptions permanentes et des exemptions temporaires. Pour les exemptions permanentes, il s'agit des biens suivants (art. 217 du CGI) :

1. les immeubles utilisés par le propriétaire lui-même, à un usage scolaire ;

2. les immeubles utilisés par le propriétaire lui-même pour des œuvres d'assistance médicale ou sociale ;

3. les immeubles servant aux exploitations agricoles pour loger les animaux ou serrer les récoltes ;

4. l'immeuble occupé par le propriétaire lui-même à titre de résidence principale pour la partie de la valeur

locative qui ne dépasse pas 500.000 francs. Cette exonération vaut pour un seul immeuble ; etc.

Quant aux exemptions temporaires (art. 218 du CGI), elles sont relatives aux constructions nouvelles, reconstructions et additions de construction qui ne sont soumises à la contribution foncière qu'à compter de la sixième année suivant celle de leur achèvement.

Base de l'imposition, revenu imposable

La contribution foncière des propriétés bâties est réglée en raison de la valeur locative annuelle de ces propriétés au 1er janvier de l'année d'imposition. La valeur locative des sols, des bâtiments de toute nature et des terrains formant une dépendance indispensable et immédiate des constructions entre, le cas échéant, dans l'estimation du revenu servant de base à la contribution foncière des propriétés bâties afférente à ces constructions.

En ce qui concerne les usines, les établissements industriels et les entreprises assimilées, l'outillage mobile n'est pas pris en compte dans la détermination de la valeur locative imposable à la contribution foncière des propriétés bâties.

La valeur locative est le prix que le propriétaire pourrait retirer de ses immeubles lorsqu'il les donne à bail.

Personnes imposables et débiteurs de l'impôt (art. 223 du CGI)

La contribution foncière des propriétés bâties est due pour l'année entière par le propriétaire ou le superficiaire au 1er janvier de l'année de l'imposition.

Pour la détermination des valeurs locatives, les propriétaires et principaux locataires, et, en leur lieu et place, les gérants d'immeubles sont tenus de souscrire chaque année, au plus tard le 31 janvier, une déclaration indiquant, au 1er janvier de l'année considérée :

- les prénoms et nom usuels de chaque locataire, la consistance des locaux qui leur sont loués, le montant du loyer principal et, s'il y a lieu, le montant des charges ;
- les prénoms et nom usuels de chaque occupant à titre gratuit et la consistance du local occupé ;
- la consistance des locaux occupés par le propriétaire lui-même ;
- la consistance des locaux vacants.

Les taux

Les taux de la contribution foncière des propriétés bâties sont fixés à 5 % pour les immeubles autres qu'usines, et à 7,5% pour les usines et établissements industriels assimilés. Ces taux sont appliqués sur la valeur locative.

La Contribution foncière des propriétés non bâties

Champ d'application

La contribution foncière des propriétés non bâties est due à raison des terrains immatriculés, et des terrains où sont édifiées des constructions non adhérentes au sol, situés dans le périmètre des communes, des groupements d'urbanisme, des centres lotis ou des centres désignés par arrêté du ministre chargé des Finances, et qui ne sont pas expressément exemptés.

Les terrains en cours de construction sont également imposables si l'achèvement des travaux n'intervient pas la troisième année suivant celle du début des travaux.

Base de l'imposition

Les terrains soumis à la contribution foncière des propriétés non bâties sont imposables à raison de leur valeur vénale au 1er janvier de l'année d'imposition.

Cette valeur vénale est déterminée par la méthode cadastrale. À défaut, la valeur vénale est déterminée sur la base des actes translatifs des propriétés imposables ayant moins de trois ans de date. Lorsqu'un terrain non bâti n'aura pas fait l'objet de mutation depuis plus de trois ans, la valeur vénale sera déterminée par comparaison avec celle d'autres terrains de même consistance sis dans la même localité dont la valeur vénale résultera d'actes translatifs de moins de trois ans.

Exemptions

Sont exempts de la contribution :

1. les terrains formant dépendances immédiates des immeubles construits en dur et destinés à l'habitation ;

2. les terrains utilisés par les sociétés et associations sportives ou d'éducation physique agréées par le ministre chargé de la Jeunesse et des Sports ;

3. les terrains cultivés ou effectivement utilisés au 1er janvier, pour la culture maraîchère, florale ou fruitière, ou pour la production des plants et semis, lorsque ces terrains sont situés en dehors des zones affectées à la construction par des plans d'urbanisme ou de lotissement ;

4. les terrains utilisés par le propriétaire lui-même à usage scolaire ;

5. les terrains constituant des établissements d'assistance médicale ou sociale lorsqu'ils sont utilisés par le propriétaire lui-même ; etc.

Personnes imposables

La contribution foncière des propriétés non bâties est due pour l'année entière à raison des faits existant au 1er janvier, par le propriétaire, le possesseur ou le simple détenteur du sol, à quelque titre que ce soit.

Toutefois, les terrains domaniaux faisant l'objet d'une délégation de mise en valeur ne seront cotisés à la contribution foncière non bâtie qu'à l'expiration du délai imposé pour leur mise en valeur.

Taux de l'impôt

Le taux de la contribution foncière des propriétés non bâties est fixé à 5 % de la valeur vénale.

CHAPITRE 2

L'IMPÔT SUR LE REVENU (IR) ANNUEL

Comme nous l'avons longuement démontré dans le premier chapitre, les dispositions de l'article 118 de la loi n° 2008-47 du 3 septembre 2008 précitées n'ont pas visé l'exonération de l'impôt sur le revenu (IR) annuel.

Ce chapitre tente alors de répondre à la question suivante : les IMCEC sont-elles exonérées de l'impôt sur les bénéfices ? Si oui, par quelle loi ?

SECTION 1
EXONÉRATION ET MOTIF

1.1 L'imposition des bénéfices réalisés au Sénégal

L'article 2 du CGI stipule : « il est établi un impôt annuel sur l'ensemble des bénéfices réalisés par les sociétés et autres personnes morales visées à l'article 4 ». Cet impôt est désigné sous le nom d'impôt sur les sociétés (en abrégé IS).

Sous réserve des dispositions des conventions internationales relatives aux doubles impositions, l'impôt sur les sociétés est dû à raison des bénéfices réalisés au Sénégal. En d'autres termes, cet impôt frappe aussi bien les bénéfices réalisés dans les entreprises exploitées au

Sénégal que ceux qui proviennent d'un cycle d'opérations réalisées au Sénégal (art. 3 CGI).

Par conséquent, les sociétés dont le siège social est fixé hors du Sénégal sont assujetties à l'impôt d'après les résultats des opérations qu'elles ont réalisées au Sénégal.

1.2 Sociétés et autres personnes morales imposables

Les sociétés et groupes passibles à l'IS peuvent être imposables de plein droit ou sur option :

Personnes imposables de plein droit

Elles sont énumérées par l'art. 4 du nouveau CGI. Il s'agit :

- des sociétés anonymes,
- des sociétés à responsabilité limitée,
- des sociétés d'assurances et de réassurances, y compris celles à forme mutuelle,
- des sociétés civiles se livrant à des opérations de nature industrielle, agricole, artisanale, forestière et minière,
- etc.

Personnes imposables sur option

Les sociétés de personnes dont seuls les associés sont imposables au régime de l'Impôt sur le revenu (IR) des personnes physiques : SNC, GIE, sociétés de participation, les sociétés de fait ainsi que les sociétés unipersonnelles à responsabilité limitée (SUARL) dont l'associé unique est une personne physique peuvent opter une imposition à l'IS. Cette option est définitive et irrévocable.

1.3 Sociétés et autres personnes exemptées de l'IS

Certaines personnes morales qui, selon les principes exposés ci-dessus, seraient normalement passibles de l'IS, sont, par l'effet de dispositions spéciales (Cf. art. 5 du CGI) :

- soit exonérées purement et simplement : les caisses de crédit agricole, les associations ou organismes sans but lucratif, les établissements publics à caractère administratif ou professionnel, etc. ;
- soit placées hors du champ d'application de l'IS pour être soumises à un autre régime. Sont hors champ d'application les sociétés qui construisent ou achètent des immeubles en vue de leur division par fractions destinées à être attribuées aux associés en propriété ou en jouissance.

Ainsi, les IMCEC, définies par la loi n° 2008-47 comme structures sans but lucratif (cf. art. 1 de la loi n° 2008-47), sont exonérées de l'IS par application des dispositions de l'article 5 du CGI.

SECTION 2
REVENUS TIRÉS SUR LA LOCATION DES IMMEUBLES APPARTENANT AU SFD EXONÉRÉ D'IS

2.1 Définition d'un revenu foncier

Sont qualifiés de revenus fonciers (RF) par l'article 40 du CGI :

- les revenus des propriétés bâties : maisons, usines et les revenus de toutes installations commerciales ou industrielles assimilées à des constructions ;

- les revenus des propriétés non bâties de toute nature, y compris ceux des terrains occupés par les carrières, les mines, les étangs, les salins et marais salants ;
- les revenus accessoires provenant notamment de la location du droit d'affiche, de la concession du droit d'exploitation des carrières, etc.

Les revenus fonciers exonérés sont les revenus en nature correspondant à la disposition d'un logement dont le propriétaire se réserve la jouissance personnelle ou qu'il met gratuitement à la disposition d'un ascendant ou descendant en ligne directe.

2.2 Revenus tirés de la location d'un immeuble appartenant au SFD

Ces revenus sont ceux qui sont produits par des biens immobiliers qui figurent à l'actif du bilan du SFD. Ils sont comptabilisés dans les comptes de produits et, donc, sont inclus dans le résultat comptable global du SFD. De tels revenus sont passibles :

- soit de l'IS pour les personnes imposables de plein droit ou sur option,
- soit de l'IRPP pour les entreprises individuelles imposables selon la nature de l'activité : régimes de bénéfices industriels et commerciaux (BIC), de bénéfices agricoles (BA) ou de bénéfices non commerciaux (BNC).

Or, les IMCEC étant exonérées de l'IS, aucun impôt sur ces revenus n'est à payer.

2.3 L'exonération des unions, fédérations et de l'organe financier

Dans la définition donnée à une IMCEC à l'article 1 de la loi n° 2008-47 précité (cf. chapitre 1, section 1, § 1.2.1), il n'est pas fait distinction entre institutions de base, réseaux et organes financiers. En effet, dans l'expression « groupement de personnes », sont comprises aussi bien les personnes physiques (c'est-à-dire les membres d'une institution de base) que les personnes morales (membres d'un réseau ou d'un organe financier).

En outre, à travers les différentes dispositions de la nouvelle loi, on relève que les mutuelles ou coopératives d'épargne et de crédit de base, les réseaux (unions, fédérations et confédérations) et l'organe financier qu'elles peuvent mettre en place ont en commun les caractéristiques suivantes :

- ce sont des groupements de personnes dotés de la personnalité morale ;
- ils sont sans but lucratif et à capital variable ;
- ils sont fondés sur les principes d'union, de solidarité et d'entraide mutuelle.

Il en résulte alors que les exonérations fiscales visées aussi bien pour les opérations (art. 118), les membres (art. 119) et l'impôt sur les sociétés (art. 5 du CGI) concernent donc les trois catégories d'IMCEC :

- les mutuelles ou coopératives d'épargne et de crédit de base,
- les réseaux (unions, fédérations et confédérations),
- et l'organe financier.

CHAPITRE 3

IDENTIFICATION FISCALE ET OBLIGATIONS DÉCLARATIVES

SECTION 1 IDENTIFICATION FISCALE D'UN SFD EXONÉRÉ

Pour l'identification fiscale d'un SFD, il n'existe pas d'article de la loi n° 2008 -47 consacré à cet effet, mais comme ces institutions sont soumises à certaines obligations fiscales, telles que reverser les retenues à la source sur les salaires, elles doivent alors obligatoirement en disposer.

1.1 DÉCLARATION D'EXISTENCE

Dès leur création, les SFD sont tenus, comme tout contribuable sénégalais, de faire la déclaration d'existence prévue par l'article 919 du CGI consacré aux obligations déclaratives. En effet, les dispositions de cet article stipulent que « tout contribuable doit souscrire une déclaration d'existence, dans les vingt jours qui suivent celui de l'ouverture de son établissement ou du commencement des opérations imposables.

La déclaration d'existence est adressée au Directeur des Impôts, en double exemplaire.

Elle doit indiquer, notamment, les prénoms et nom ou la raison sociale, l'adresse et la profession du contribuable, et, s'il y a lieu, le numéro de ses comptes courants bancaires et postaux, ainsi que l'emplacement de son ou de ses établissements de production et de ses magasins de vente ».

1.2 Obligation de se doter d'un NINEA

Avant la déclaration d'existence, le SFD est tenu de se doter, conformément aux dispositions du décret n° 95.364, d'un numéro national d'identification en s'inscrivant sur le Répertoire national des entreprises et associations.

En vertu des dispositions de l'article 2 de ce décret, cette obligation incombe aux :

- entreprises (personnes physiques et morales) exerçant une activité sur le territoire du Sénégal, quels que soient leur forme, leur statut juridique, leur nationalité ;
- associations nationales ou étrangères régulièrement déclarées ou autorisées, aux syndicats professionnels et aux partis politiques, à toute personne morale de droit privé ;
- administrations publiques centrales, établissements publics et collectivités locales.

Par ailleurs, l'article 3 du décret précise que « le numéro d'identification national est porté sur les lettres, factures, quittances et reçus établis par les personnes visées à l'article 2. Ce numéro est également indiqué à la suite du nom, de la raison sociale sur toutes les déclarations, actes ou pièces produits, émis ou passés par lesdites personnes dans leurs relations avec les entreprises et services publics et privés.

L'usage du numéro est obligatoire dans les rapports entre les administrations et les organismes visés ainsi que dans les rapports entre les différentes administrations lorsque ceux-ci concernent ces organismes ».

1.3 L'identification fiscale

Depuis le 1er janvier 2002, le Numéro d'Indentification Nationale des Entreprises et Associations (NINEA) et le Code d'Identification Fiscale (COFI) constituent l'identifiant fiscal unique utilisé, d'une part, par les contribuables dans leurs rapports avec l'Administration et, d'autre part, entre les redevables de la TVA dans leurs relations réciproques.

L'identifiant fiscal unique se compose d'un radical de sept caractères numériques qui correspond au NINEA du contribuable et d'un suffixe, dénommé « COFI », de trois caractères indiquant successivement :

Le régime fiscal du contribuable (01 caractère numérique de 0 à 2) :

- 0 (zéro) pour le contribuable soumis au régime du réel, non assujetti à la TVA ;
- 1 (un) pour le contribuable soumis à la Contribution globale unique (CGU) ;
- 2 (deux) pour le contribuable soumis au régime du réel, assujetti à la TVA.

Le centre des services fiscaux de rattachement (02 caractères alphabétiques) :

Le Centre des Services Fiscaux (CSF) est représenté par un caractère alphabétique tenant compte des centres nouvellement créés.

La forme juridique (01 caractère numérique de 0 à 9) :

La forme juridique du contribuable est codifiée par un caractère numérique de 0 à 9.

Il faut rappeler que l'indication de ce NINEA est indispensable pour permettre, chez l'acquéreur, les déductions auxquelles il peut avoir droit ou la restitution des taxes dans les cas prévus par la loi.

NB : Les redevables situés à l'étranger doivent indiquer sur leurs factures le NINEA de leur représentant, s'ils en ont, ou celui de leur client.

SECTION 2
OBLIGATIONS DE DÉCLARATIONS D'UN SFD EXONÉRÉ

Les SFD sont tenus à un certain nombre de déclarations prévues par leur réglementation spécifique et le Code général des impôts.

2.1 DÉCLARATIONS PRÉVUES PAR LA RÉGLEMENTATION DES SFD

On peut distinguer des déclarations annuelles, périodiques et diverses.

Déclarations annuelles

Il s'agit des rapports et états financiers annuels prévus à l'article 51 de la loi n° 2008–47. En vertu des dispositions de cet article : « les rapports et états financiers annuels ainsi que les documents annexés des systèmes financiers décentralisés sont communiqués au ministre et, dans le cas des systèmes financiers décentralisés visés à l'article 44, à la Banque centrale et à la Commission bancaire, dans un délai de six mois après la clôture de l'exercice.

Les rapports et états financiers annuels des organes financiers sont adressés à la Banque centrale et à la Commission Bancaire dans le même délai ».

Il convient de rappeler que les états financiers annuels comprennent :

- le bilan,
- le hors bilan,
- le compte de résultat,
- les soldes intermédiaires de gestion,
- les annexes (au total 14 tableaux).

Déclarations périodiques

Ces déclarations sont prévues à l'article 55 qui dispose ainsi : « outre les états financiers annuels, les systèmes financiers décentralisés sont tenus de communiquer en cours d'exercice au Ministre et, dans le cas des systèmes financiers décentralisés visés à l'article 44, à la Banque centrale ou à la Commission Bancaire, des données périodiques dont la forme, le contenu et le délai de transmission sont précisés par instruction de la Banque centrale ».

Autres déclarations

L'article 56 stipule que « le ministre, la Banque centrale et la Commission bancaire sont habilités à demander communication de tous documents, états statistiques, rapports et tous autres renseignements nécessaires à l'exercice de leurs attributions respectives ».

2.2 Déclarations fiscales

Les déclarations fiscales sont mensuelles, trimestrielles et annuelles.

Établissement des déclarations mensuelles ou trimestrielles

Il s'agit des :

- bordereaux de versement des impôts retenus à la source sur les salaires (extraits du Carnet VRS) à établir à la fin de chaque mois ou trimestre ;
- bordereaux de versement des impôts et taxes se rapportant aux retenues opérées sur les sommes versées à des tiers à titre de rémunération de prestations de services de toute nature ou à titre de loyers (extraits du Carnet BRS) remplis et déposés à la fin de chaque mois ou trimestre ;
- états trimestriels des loyers et sommes versées à des tiers déposés à la fin de chaque période de trois mois.

Établissement des déclarations annuelles au 31 janvier de chaque année

Ce sont les déclarations suivantes :

- l'état récapitulatif annuel des salaires versés ;
- l'état récapitulatif annuel des sommes versées à des tiers, personnes physiques au titre d'honoraires, de commissions, de rémunérations diverses ;
- l'état récapitulatif annuel des loyers payés.

Établissement de la déclaration annuelle de revenus

Il s'agit de la déclaration annuelle de l'Impôt sur les sociétés (IS) à laquelle sont joints les états financiers et les annexes fiscales prévues par le Code général des impôts (CGI).

Les IMCEC étant exonérées de l'IS, elles ne sont pas tenues d'établir cette déclaration annuelle afin de la déposer auprès des services compétents de l'Administration fiscale.

SECTION 3
AUTRES OBLIGATIONS FISCALES ET SANCTIONS

3.1 Obligation de se conformer au plan comptable des SFD

Cette obligation est prévue à l'article 948 qui dispose que « les contribuables et redevables, outre les dispositions spécifiques à chaque impôt, sont tenus de se conformer au Code des obligations civiles et commerciales, au Plan Comptable Sénégalais lorsqu'ils y sont soumis, et aux règles comptables qui leur sont propres, lorsqu'ils ne sont pas soumis au Plan Comptable Sénégalais ».

L'exonération de l'IS ne peut constituer une raison pour soustraire les IMCEC de cette obligation, car, en cas de vérification sur place par l'Administration fiscale, la comptabilité demeure le seul élément de preuve pour justifier l'exactitude des salaires, des sommes versées à des tiers et des loyers déclarés par le SFD.

Voir, par ailleurs, nos développements dans la quatrième partie, chapitre 2.

3.2 Conservation des documents

Les SFD sont tenus de respecter le délai de conservation des documents administratifs et comptables prévus par l'article 953 du CGI : « en l'absence de dispositions spéciales prévues au présent Code, les livres, registres, documents ou pièces justificatives d'origine sur lesquels peuvent s'exercer les droits de communication, d'enquête et de contrôle de l'Administration doivent être conservés pendant un délai de dix ans à compter de la date de la dernière opération mentionnée sur les livres ou registres ou de la date à laquelle les documents ou pièces ont été établis ».

3.3 Sanction

En cas de non respect de l'obligation relative au délai de conservation des documents, la sanction applicable est prévue par les dispositions de l'article 954 du CGI : « la non tenue ou la destruction, avant l'expiration d'un délai de dix ans des documents visés au présent Code, donne lieu à l'application d'une amende fiscale de 100.000 francs ».

DEUXIÈME PARTIE

SFD NON EXONÉRÉS

La nouvelle loi (cf. loi n° 2008-47 du 3 septembre 2008) relative à la réglementation des Systèmes Financiers Décentralisés au Sénégal se caractérise, entre autres, par la distinction de trois catégories d'institutions (art. 15) :

1. les systèmes financiers décentralisés constitués sous forme de sociétés commerciales (sociétés anonymes et sociétés à responsabilité limitée) ;
2. les systèmes financiers décentralisés agréés sous forme de sociétés coopératives ou mutualistes ;
3. les systèmes financiers décentralisés constitués sous forme d'associations.

En outre, cette nouvelle loi précise que les incitations fiscales prévues par les dispositions des articles 118 et 119 ne concernent exclusivement que les SFD de la 2ème catégorie. En d'autres termes, les sociétés anonymes et les sociétés à responsabilité limitée ayant obtenu l'agrément pour effectuer des activités d'épargne et de crédit ne sont pas visées par ces exonérations.

Quant aux associations agréées comme SFD, la loi ne donne pas de précision supplémentaire concernant leur régime fiscal.

Si les SFD constitués sous forme de sociétés commerciales que nous désignerons sous le vocable de « Sociétés commerciales de microfinance (SCM) » sont exclus des incitations fiscales, quels sont alors les différents impôts et taxes auxquels ils sont soumis ?

C'est à cette question que tente de répondre cette deuxième partie du livre. Elle sera traitée à travers les trois chapitres suivants :

- présentation des SFD concernés (chapitre 1),
- déclaration annuelle de l'IS (chapitre 2),
- autres déclarations mensuelles et annuelles (chapitre 3).

CHAPITRE 1

SFD CONCERNÉS

Ce chapitre abordera, en trois sections, les points suivants :

- le motif de l'exclusion d'une catégorie de SFD du champ d'application des incitations fiscales prévues par la nouvelle loi et l'analyse (section 1) ;
- les impôts, taxes et droits à payer ou exonérés (section 2) ;
- la procédure à suivre par cette catégorie de SFD pour obtenir l'agrément (section 3).

SECTION 1
MOTIF DE L'EXCLUSION DE LA SCM DU CHAMP D'APPLICATION DES INCITATIONS FISCALES ET ANALYSE

1.1 Le motif de l'exclusion

Les sociétés anonymes et les sociétés à responsabilité limitée agréées comme institutions de microfinance n'entrent pas dans le champ d'application des incitations fiscales prévues par les dispositions des articles 118 et 119 de la loi n° 2008-47 portant nouvelle réglementation des SFD au Sénégal.

Cette exclusion pourrait s'expliquer par le fait que cette catégorie de SFD est créée dans un but lucratif. En effet, faut-il le rappeler, les actionnaires ou associés de ces sociétés ont réuni leurs apports dans le seul but de partager le bénéfice ou de profiter de l'économie pouvant résulter de l'entreprise commune.

Il y a lieu de remarquer que le législateur a considéré la forme juridique de ces sociétés (communément appelées « Sociétés de capitaux ») qui est commerciale plutôt que l'activité exercée.

Or, en vertu des dispositions de l'article 4 du Code général des impôts, les sociétés de capitaux, quel que soit leur objet, sont passibles du régime de l'Impôt sur les sociétés (I.S.).

1.2 L'analyse

Après avoir tenté de décrire les raisons qui pourraient justifier l'exonération des IMCEC, nous présenterons les incohérences et contradictions relevées ainsi que les questions cruciales suscitées par les incitations fiscales visées aux articles 118 et 119 de la nouvelle loi, et qui demeurent sans réponse.

1.2.1 Justification des exonérations accordées aux IMCEC

Comme nous les avons largement abordées dans la première partie, les IMCEC bénéficient de deux catégories d'exonérations différentes :

- l'exonération de l'impôt sur le revenu annuel ;
- l'exonération des impôts et taxes afférentes aux opérations de collecte de l'épargne et de distribution de crédit.

Nous verrons, dans les paragraphes suivants, que si dans la première exonération, l'IMCEC est une bénéficiaire directe, dans la seconde, elle n'en bénéficie qu'indirectement.

Cas de l'IMCEC comme personne morale

La première exonération est justifiée par le statut de l'IMCEC comme organisme sans but lucratif et c'est l'institution elle-même en tant que personne morale qui est directement visée.

En revanche, dans la seconde catégorie, le législateur exprime sa volonté de réduire les coûts des opérations facturées aux clients ou membres des IMCEC.

Les IMCEC ne sont donc que des bénéficiaires indirects, car elles ne devraient jouer que le rôle de collecteur d'impôts pour le compte de l'État, mais elles profitent des avantages liés à la simplification des opérations du fait de l'exonération fiscale.

En effet, la complexité des questions fiscales a été pendant longtemps l'argument avancé par le secteur économique dit informel pour expliquer leur refus de payer les impôts correctement. Les commerçants ont mis en avant leur statut d'illettré et la petitesse de leurs entreprises pour recruter un personnel comptable de niveau approprié leur permettant de tenir régulièrement leur comptabilité et de s'acquitter de leurs obligations dans ce domaine.

Finalement, dans la réforme fiscale du 06 février 2004, l'Etat a été obligé d'accéder à leur demande en instituant la Contribution globale unique (CGU), qui est un impôt synthétique et représentatif des impôts et taxes suivants :

- l'Impôt du minimum fiscal (IMF),
- la Contribution de patentes,
- la TVA (Taxe sur la valeur ajoutée),
- la CFCE (Contribution Forfaitaire à la Charge des Employeurs),

- la licence des débits de boissons.

Cette innovation, qui a entraîné une simplification majeure de la fiscalité pour les petites entreprises, répond au souci de favoriser le civisme fiscal, d'élargir l'assiette et d'adapter la fiscalité aux petites unités économiques. Du fait de sa conception synthétique, la CGU devrait réduire les coûts de gestion de l'impôt et améliorer l'efficacité administrative des contribuables ainsi concernés.

Or, en considérant, d'une part, le niveau intellectuel des dirigeants et du personnel des IMCEC et, d'autre part, leur situation financière, on peut assimiler ces institutions aux entreprises du secteur informel. Si l'on se fonde sur les résultats de l'étude commanditée en 2009 par la Direction de la Microfinance (Cf. Etude des SIG et SCIE des IMF au SENEGAL réalisée par le cabinet DCEG), on remarque que la majorité des SFD au Sénégal rencontrent d'énormes difficultés dans divers aspects de la gestion dont nous en citons ci-après quelques unes :

- les organes statutaires ne maîtrisent pas suffisamment leurs rôles et responsabilités ainsi que le cadre réglementaire. En effet, plus de 40 % des élus ne connaissent pas leurs prérogatives ;
- la qualité des ressources humaines reste très faible. En effet, plus de 50 % des employés des SFD de l'échantillon n'ont pas le niveau du BAC et manquent de formation pour l'accomplissement de leurs tâches quotidiennes ;
- la gestion des ressources humaines se limite au recrutement, à la gestion des salaires. Elle est partagée entre le CA et le gérant et ne comporte pas encore une politique de formation dynamique et une politique de motivation ;

- le système de rémunération reste globalement basé sur le salaire et la productivité des agents n'est presque jamais évaluée ;
- l'inexistence d'une politique claire de gestion des ressources humaines, avec une définition précise des tâches et des responsabilités des membres du personnel dans la plupart des SFD de l'échantillon. Le personnel ne dispose pas encore de fiches de poste formalisées ;
- la qualité de l'information est mauvaise à cause des limites du SIG, largement manuel (même si un certain niveau d'informatisation a été noté dans certaines institutions) ;
- les informations transmises ne sont pas correctement traitées et résumées afin de fournir des données pertinentes ;
- les informations nécessaires ne sont pas disponibles aisément et en tout temps du fait de la non définition de délai de transmission. Par conséquent, cette situation engendre des doutes, de sorte que l'information financière ne reflète que partiellement la situation véritable de l'institution.

Ces difficultés se sont traduites par un niveau de production et de transmission des états financiers et de rapports annuels aux autorités de tutelle, dans l'ensemble, faible. Il ressort de l'analyse effectuée par la tutelle que même si, dans l'ensemble, une évolution positive est notée dans la qualité des états financiers et des rapports annuels, des insuffisances subsistent encore dans certaines institutions.

Les principales anomalies relevées par l'étude menée par le cabinet DCEG sont les suivantes :

- l'absence du procès-verbal de l'Assemblée générale où ces différents documents ont été approuvés ;

- les données générales sur l'institution et sur les opérations ne sont pas souvent produites ;
- un déséquilibre dans la situation patrimoniale entre l'actif et le passif ;
- le non respect des instructions de la BCEAO (absence des tableaux annexes relatifs à l'état des crédits en souffrance, le tableau des informations annexes) ;
- le résultat de l'exercice figurant sur l'état de formation du résultat différent de celui indiqué sur la situation patrimoniale ;
- des erreurs de provisionnement ou un mauvais calcul des dotations aux provisions des crédits en souffrance ;
- un mauvais calcul des dotations aux amortissements des immobilisations ;
- un mauvais traitement des ressources affectées ;
- une confusion entre subventions d'investissement et fonds de dotation ;
- des erreurs dans la détermination des créances et dettes rattachées ;
- le non respect de certains ratios prudentiels : norme de liquidité, limitation des risques portés par une institution, couverture des emplois moyens et longs par des ressources stables.

Si on devait alors imposer à ces structures l'établissement mensuel des déclarations fiscales relatives au chiffre d'affaires réalisé, aux taxes prélevées sur les différentes opérations de crédit et d'épargne, on imaginerait aisément qu'elles vont s'enfoncer davantage dans une gestion informelle, avec toutes les conséquences que cela peut entraîner sur l'économie du pays.

On pourrait conclure que l'exonération des IMCEC de tous impôts, taxes ou droits afférents à leurs opérations de collecte de l'épargne et de distribution du crédit vise aussi à simplifier la comptabilité de ces institutions.

Cas des clients et membres de l'IMCEC

Les personnes visées directement par ces incitations fiscales sont les clients et membres des IMCEC. En effet, ces mesures fiscales devraient se traduire pour les bénéficiaires par :

- un coût du crédit sensiblement réduit du fait de la renonciation par l'Etat de la taxation des intérêts sur crédit ;
- une rémunération de l'épargne plus importante, car n'étant plus soumise au prélèvement d'impôt.

Cette politique vise à encourager les clients à solliciter plus de crédit et à inciter les sociétaires à déposer plus d'argent dans les caisses de ces institutions.

1.2.2 Incohérences et contradictions du législateur sénégalais

L'exclusion des SCM, ou d'autres, du champ d'application des incitations fiscales de la nouvelle loi révèle des incohérences et des contradictions dans la démarche du législateur sénégalais.

Les incohérences

Les incohérences viennent du fait que :

- la loi accorde aux deux catégories de SFD (sociétés commerciales et IMCEC) la même mission, celle de participer à la lutte contre la pauvreté ;
- les deux catégories d'institutions visent la même cible : les populations démunies ne pouvant accéder au système bancaire classique et qui sont directement visées dans les exonérations accordées aux IMCEC. Autrement dit, les comptes ouverts par

un même client dans les livres d'une IMCEC et d'un SFD constitué sous forme de société commerciale auront un traitement différent. Toutes choses égales par ailleurs, le client gagnera plus avec le compte ouvert dans une IMCEC.

Or l'aménagement du nouveau cadre juridique applicable aux SFD était justifié, entre autres raisons, par la poursuite de la diversification du paysage financier de l'UEMOA pour permettre l'accès du plus grand nombre d'agents économiques à des services financiers fournis par des institutions en mesure d'offrir des garanties de sécurité des transactions à leur clientèle.

Cette mesure consacre le rôle important des SFD dans la lutte contre la pauvreté en participant à l'amélioration du niveau de revenus des populations cibles grâce au financement des activités génératrices de revenus (AGR), des micro projets initiés par des individus, des groupes de personnes ou des familles.

Ainsi, cette diversification s'est traduite par l'extension du champ d'application de la nouvelle loi sur les institutions mutualistes ou coopératives d'épargne et de crédit (IMCEC) aux autres formes juridiques existantes (société, association), c'est-à-dire une possibilité donnée aux investisseurs privés de participer au financement de micro projets.

Par cette disposition, le législateur exprime sa préoccupation pour l'accroissement des revenus des ménages pauvres qui doit s'inscrire dans la durée et dans le temps. Il ne s'agit pas de financer les activités génératrices de revenus pour un laps de temps, comme c'était le cas avec les projets de développement, mais d'accompagner les populations dans leurs efforts quotidiens de lutte contre la pauvreté et pour le développement.

En outre, cette extension du champ d'application considérée comme un appel aux investisseurs privés devrait permettre de répondre à deux soucis majeurs des autorités :

- **l'efficacité du système de crédit :** il faut toucher le maximum de populations avec des services financiers adaptés à leurs besoins de financement croissants, et en réduisant considérablement les coûts d'opportunité, de déplacement grâce à l'ouverture des guichets de proximité ;
- **la pérennité du système de crédit :** les institutions de microfinance doivent vivre longtemps et faire de la rentabilité, comme de l'efficacité, leurs préoccupations quotidiennes.

Ces deux soucis peuvent être pris en compte par les sociétés commerciales, car ce sont des structures dotées, en plus de la forme juridique appropriée à l'investissement, d'une surface financière suffisante grâce aux importantes ressources qu'ils peuvent mobiliser et de mécanismes de gestion plus efficaces, avec un conseil d'administration assurant à la fois les fonctions d'administration, de gestion et de contrôle.

En considérant alors la mission sociale que l'Etat leur a assignée, les SFD constitués sous forme de sociétés commerciales devraient donc bénéficier des exonérations de tout impôt ou taxe afférents aux opérations d'épargne et de crédit au même titre que les IMCEC, tout en étant soumises à l'Impôt sur les sociétés (IS). En effet, comme nous l'avons rappelé par ailleurs, à travers ces exonérations, ce sont les clients et membres qui sont directement visés et non les institutions.

Cependant, il convient de ne pas oublier les efforts consentis par les autorités en accordant des facilités dans la mise en place des sociétés commerciales de microfinance. Comparativement aux banques et établissements financiers classiques, les procédures d'agrément sont simplifiées et les exigences en matière de capital social moins contraignantes.

À ce niveau de l'analyse, il y a lieu de nuancer un peu notre propos. En effet, selon certains acteurs de la microfinance, les deux structures ne visent pas la même cible (la société commerciale de microfinance ne convoiterait pas les populations rurales très démunies et exerçant des activités génératrices de revenus). Pour eux, les clients doivent aussi prendre leur responsabilité dans leur choix : choisir entre la catégorie d'institutions qui leur permet d'avoir un double statut de sociétaires et de bénéficiaires et celle où ils n'ont qu'une seule qualité, celle d'être un simple client.

Ainsi, en considérant leur cible, seule l'IMCEC participe objectivement à la lutte contre la pauvreté et, par conséquent, elle seule mérite de bénéficier des avantages fiscaux.

Les contradictions

L'exclusion des sociétés commerciales de microfinance des incitations fiscales prévues par les dispositions des articles 118 et 119 de la 2008 – 47 est en contradiction avec celles de l'article 60 du CGI qui stipulent que «sont exonérés de l'impôt sur le revenu les intérêts des sommes inscrites sur les livrets d'épargne des personnes physiques à condition qu'ils soient servis par une banque, un établissement financier ou une caisse d'épargne situés au Sénégal ».

Or l'article 6 de la nouvelle loi sur les SFD qui classe les systèmes financiers décentralisés en deux catégories, selon la nature des opérations qu'ils sont autorisés à effectuer, ne précise pas que seuls les SFD non constitués sous forme coopérative ou mutualiste sont concernés par la deuxième catégorie. En effet, cet article ne prévoit que l'existence de deux catégories d'institutions sans précision supplémentaire :

- les institutions qui collectent des dépôts et accordent des prêts à leurs membres ou aux tiers ;
- les institutions qui accordent des prêts, sans exercer l'activité de collecte des dépôts.

À notre connaissance, aucune disposition de la nouvelle loi :

- n'indique les conditions ou les critères sur la base desquels les autorités donneront l'autorisation d'exercer l'activité de collecte des dépôts ;
- ne renvoie à une instruction de la Banque centrale qui pourrait fixer des critères ou conditions à remplir pour obtenir cette autorisation.

En outre, les dispositions des articles 118 et 119 de la nouvelle loi sur les SFD n'abrogent pas celles de l'article 60 du CGI.

En conséquence, lorsque les sociétés commerciales de microfinance exerceront des activités d'épargne, elles bénéficieront automatiquement, avec leurs clients, personnes physiques, des incitations fiscales visées à l'article 119 de la nouvelle loi portant réglementation des SFD au Sénégal. En d'autres termes, ils sont exonérés de tous impôts et taxes sur les parts sociales, les revenus tirés de leur épargne et les paiements d'intérêts sur les crédits qu'ils ont obtenus de l'institution.

Il convient de rappeler que l'épargne est définie par l'article 4 de la loi n° 2008 - 47 relatif aux opérations que peuvent réaliser les systèmes financiers décentralisés, « comme les fonds, autres que les cotisations et contributions obligatoires, recueillis par le système financier décentralisé auprès de ses membres ou de sa clientèle avec le droit d'en disposer dans le cadre de son activité, à charge pour lui de les restituer à la demande des déposants selon les termes convenus ».

En définitive :

- les incitations fiscales prévues à l'article 119 concernent les membres ou clients, personnes physiques, de tous les SFD (quelle que soit leur nature juridique) qui collectent des dépôts et accordent des prêts à leurs membres ou aux tiers ;
- les exonérations fiscales prévues à l'article 118 ne concernent que les institutions mutualistes ou coopératives d'épargne et de crédit et leurs membres.

Questions sans réponse

La discrimination entre les SFD instituée à travers la nouvelle réglementation fait soulever de nombreuses questions auxquelles il est difficile, dans l'immédiat, d'apporter des réponses :

- quelles peuvent en être les conséquences sur le secteur de la microfinance ?
- comment vont réagir les populations cibles ? Vont-elles mettre en avant le critère de membre ou le coût du service du SFD ? Vont-elles choisir les taux généralement plus élevés des IMCEC ou ceux des sociétés commerciales, plus bas ?
- les exonérations d'impôts et taxes sur les opérations d'épargne et de crédit doivent-elles être accordées à vie ou limitées dans le temps ? Doivent- elles cesser lorsque l'IMCEC atteint un certain seuil ?

SECTION 2
IMPÔTS, TAXES ET DROITS À PAYER OU EXONÉRÉS

Comme nous l'avons rappelé plus haut, la société commerciale de microfinance est créée dans un but lucratif ; de ce fait, elle est soumise au régime de l'impôt sur les sociétés (IS) qui fera l'objet du chapitre 2 de cette seconde partie.

Dans cette section, nous examinons les impôts, taxes et droits dont la SCM doit s'acquitter ou qu'elle ne doit pas payer en application soit des dispositions du CGI, soit de la nouvelle loi sur les SFD.

2.1 Impôts, taxes et droits à payer

Ils sont différents selon qu'il s'agit de la société commerciale de microfinance ou du client de cette société.

2.1.1 La société commerciale de microfinance

Si on devait leur appliquer les dispositions de l'article 118 de la nouvelle loi sur les SFD, les sociétés commerciales de microfinance seraient alors soumises au régime du droit commun, c'est-à-dire celui des banques et établissements financiers. Dès lors, elles devront s'acquitter des impôts, droits et taxes que nous classons en trois catégories :

- les impôts, droits et taxes relatifs aux opérations de distribution de crédit ;
- les retenues à la source sur les revenus des capitaux mobiliers ;
- autres impôts et taxes divers.

Les impôts, droits et taxes relatifs aux opérations de distribution de crédit

Il s'agit des taxes et droits suivants :

- la taxe sur le chiffre d'affaires ou la TOB ;
- le droit de timbre sur les quittances de versement d'espèces (par exemple : apport personnel, remboursement de crédit).

Les SCM doivent facturer la TOB à leurs clients de la même manière que les banques ou établissements financiers assimilés (voir chapitre 3 de cette partie).

Le droit de timbre sur les quittances de versement d'espèces est prévu par l'article 757 du CGI : « le droit est dû pour chaque acte, reçu, décharge ou quittance. Il n'est applicable qu'aux actes, pièces ou écrits ne contenant pas de dispositions autres que celles spécifiées au présent article ».

Par dérogation, les reçus constatant des dépôts d'espèces effectués chez une banque, un établissement de banque, une entreprise ou un établissement financier, un courtier en valeurs mobilières ou une caisse de crédit agricole sont frappés d'un droit de timbre des quittances uniformes de 200 francs.

Les retenues à la source sur les revenus des capitaux mobiliers

Les revenus des capitaux mobiliers comprennent : les revenus sur les valeurs mobilières et les revenus sur les créances.

i. Les revenus sur les valeurs mobilières

Les revenus sur les valeurs mobilières sont des sommes rémunérant des droits sociaux ou des droits de créances représentés par des titres d'emprunt négociables et des sommes ne rémunérant pas de droits sociaux (indemnités de fonction versées aux administrations ou jetons de présence).

Ces produits concernent aussi bien les sommes versées au cours de l'existence de la société que celles versées en fin d'exercice de la société.

❖ Revenus concernés

Les revenus de valeurs mobilières sont constitués :

1. des dividendes, intérêts, arrérages, revenus et tous autres produits des actions de toute nature et des parts de fondateurs des sociétés, compagnies et entreprises quelconques, financières, industrielles, commerciales ou civiles visées à l'article 51 du CGI, quelle que soit l'époque de leur création ;
2. des intérêts, produits et bénéfices des parts d'intérêts dans les sociétés, compagnies et entreprises visées à l'article 46 du CGI dont le capital n'est pas divisé en actions ;
3. du montant des remboursements et amortissements totaux ou partiels que les sociétés visées aux 1° et 2° qui précèdent effectuent sur le montant de leurs actions, parts d'intérêts, avant leur dissolution ou leur mise en liquidation ;
4. du montant des tantièmes, jetons de présence, remboursements forfaitaires de frais et toutes autres rémunérations revenant à quelque titre que ce soit aux membres des conseils d'administration ou de gestion des sociétés visées au 1° alinéa ;
5. des jetons de présence payés aux actionnaires de ces sociétés à l'occasion des assemblées générales ;
6. des intérêts, arrérages et tous produits des obligations, effets publics et tous autres titres d'emprunts négociables émis par les communes, les établissements publics, ainsi que par les sociétés, compagnies et entreprises visées aux 1° et 2° ;
7. des lots et primes de remboursement payés aux porteurs des mêmes titres ;
8. des sommes mises par les sociétés, compagnies ou entreprises visées à l'article 46 à la disposition des associés directement ou par des personnes ou sociétés

interposées à titres d'avances, de prêts ou d'acomptes ;

9. des rémunérations ou avantages occultes accordés par les mêmes sociétés, compagnies ou entreprises.

Les dividendes, arrérages, bénéfices et produits visés aux 1° et 2° du présent article, s'entendent de toutes sommes ou valeurs attribuées à quelque époque que ce soit aux associés et porteurs de parts à un autre titre que celui de remboursement de leurs apports.

La base imposable est constituée par le montant des produits visés au présent article.

Les produits de portefeuille d'actions, de parts d'intérêts et d'obligations redistribués par les fonds communs de placement et par toutes autres formes de placement collectif agréées constituent des revenus de valeurs mobilières.

❖ La notion de revenus distribués

À la suite de la réforme fiscale intervenue en février 2004, les dispositions de l'article 53 ont été substantiellement modifiées. Désormais, en vertu des nouvelles dispositions de cet article : « sont considérés comme revenus distribués :

- tous les bénéfices ou produits qui ne sont pas mis en réserve ou incorporés au capital ;
- toutes les sommes ou valeurs mises à la disposition des associés, actionnaires ou porteurs de parts et non prélevées sur les bénéfices.

Les sommes imposables sont déterminées, pour chaque période retenue pour l'établissement de l'impôt sur les sociétés, par la comparaison du bilan de clôture de ladite période et de celui de la période précédente.

Pour l'application du 1°) susvisé, les bénéfices s'entendent de ceux qui ont été retenus pour l'assiette de l'impôt sur les sociétés.

Toutefois, ces bénéfices sont augmentés de ceux qui sont légalement exonérés dudit impôt, y compris les produits déductibles du bénéfice net en vertu de l'article 22 du présent Code, ainsi que les bénéfices que la société a réalisés dans des entreprises exploitées hors du Sénégal, et diminués des sommes payées au titre de l'impôt sur les sociétés.

En se référant à la circulaire ministérielle n° 0006779/MEF/DGID/BLEC du 20 août 2004 portant application de la loi n° 2004-12 du 6 février 2004, « les sommes ou valeurs mises à la disposition des associés, actionnaires ou porteurs de parts et non prélevées sur les bénéfices couvrent les sommes distribuées soit par prélèvement sur les réserves autrement que par voie de distribution d'actions ou de parts gratuites à la suite de l'incorporation de réserves au capital, soit à titre d'amortissement de capital. »

Dans ce cas, l'Administration fiscale doit établir que ces sommes ou valeurs ont été appréhendées par un ou plusieurs associés.

Il convient de noter que les termes de la circulaire du 20 août 2004 n'ont fait que reprendre les teneurs de la lettre n° 0691 du 04 juillet 1991 du ministre de l'Économie, des Finances et du Plan qui précisait que la présomption de distribution visée par les dispositions de l'ancien article 165 (et reprises par l'actuel article 53) « ne s'applique que si ces sommes ne sont pas demeurées investies dans l'entreprise et s'il est établi qu'elles ont été mises à la disposition des associés, actionnaires ou porteurs de parts ou appréhendés par eux.»

Par ailleurs, selon le Directeur général des Impôts et Domaines (cf. lettre n° 000390/DGID/BLEC du 3 décembre 2003), « l'article 53-2° du code général des impôts vise d'abord toute opération se traduisant par une diminution de l'actif net de la société ».

❖ Détermination de la masse imposable de revenus distribués

Pour chaque période d'imposition retenue en vue de l'établissement de l'impôt sur les sociétés, la masse imposable des revenus distribués est déterminée dans les conditions ci-dessous :

1. Il est procédé à la comparaison du total des postes de capital, de réserves et de résultats figurant au bilan à la clôture de la période considérée avec le total des mêmes postes figurant au bilan à la clôture de la période précédente.
   En ce qui concerne les sociétés nouvelles, le second terme de la comparaison prévue à l'alinéa précédant est fourni par le total des postes visés audit alinéa, tels qu'ils existent au moment de la constitution définitive.
2. Si la période d'imposition est bénéficiaire, la masse des revenus distribués est constituée selon le cas par :
   - l'excédent du bénéfice sur l'accroissement résultant de la comparaison prévue au 1°) ;
   - le total du bénéfice et de la diminution résultant de ladite comparaison.
3. Si la période d'imposition est déficitaire, la masse des revenus distribués correspond à l'excédent de la diminution résultant de la comparaison prévue au 1°) sur la perte. La masse des revenus distribués ainsi déterminée est :
   - augmentée, s'il y a lieu, des sommes mises à la disposition des associés, actionnaires ou porteurs de parts et réputées imposables en vertu du 2°) de l'article 53 et de l'article 52- 9°) du CGI ;
   - diminuée des sommes qui, en vertu des articles 138 à 141 du CGI, ne sont pas considérées comme

des distributions imposables et des sommes payées à titre de transactions, amendes, confiscations, pénalités de toute nature sanctionnant les contraventions aux dispositions légales régissant les prix, l'assiette et le recouvrement des droits, impôts, contributions et taxes.

Toutefois, ces augmentations ou ces diminutions ne sont opérées que dans la mesure où il n'en a pas déjà été tenu compte pour la détermination soit des résultats de la période considérée, soit des variations des postes visés au 1°).

4. Pour l'application de cette règle :
   - le capital ne comprend pas la fraction non appelée ;
   - sont considérés comme des réserves les reports bénéficiaires à nouveau, les provisions et les amortissements ayant supporté un impôt sur les bénéfices industriels et commerciaux ou l'impôt sur les sociétés, ainsi que les provisions spéciales constituées conformément aux dispositions légales.
5. Toute augmentation de capital réalisée par voie d'apport ou tout appel de capital au cours d'une période d'imposition n'est retenue, pour la comparaison prévue au 1°), qu'à partir de la période suivante.

   Ne sont également retenues qu'à partir de la période suivante les réserves provenant des primes d'émission ou de fusion, les réserves de réévaluation et toutes autres réserves constituées en franchise de l'impôt sur les sociétés.
6. En vertu du dernier alinéa de l'article 53 du présent Code et pour l'application des 1°) et 2°), sont comprises, pour la totalité, dans le poste "résultats", les plus-values visées à l'article 10 du CGI.

7. Tout redressement du bénéfice imposable à l'impôt sur les sociétés au titre d'une période sera pris en compte au titre de la même période pour le calcul des sommes distribuées.

Pour chaque période d'imposition, la masse des revenus distribués, déterminée conformément aux dispositions de l'article 54 du CGI, est considérée comme répartie entre les bénéficiaires pour l'évaluation du revenu de chacun d'eux, à concurrence des chiffres indiqués dans les déclarations souscrites par la personne morale.

Au cas où la masse des revenus distribués excède le montant total des distributions tel qu'il résulte des déclarations ci-dessus, la personne morale est invitée à fournir à l'administration, dans un délai de vingt jours, toutes indications sur les bénéficiaires de l'excédent de distribution.

En cas de refus ou à défaut de réponse dans ce délai, les sommes correspondantes sont assimilées à des rémunérations occultes et sont, comme telles, soumises à l'impôt sur le revenu en application de l'article 188 du CGI (cf. paragraphe sur les rémunérations occultes ci-dessous).

ii. Les revenus sur les créances

L'imposition des revenus sur les créances vise le revenu des prêts, des dépôts, des cautionnements et des comptes courants d'associés.

Sont considérés comme revenus des prêts, dépôts et cautionnements pour l'application de l'impôt sur les revenus les intérêts, arrérages et tous autres produits (art. 58 du CGI) :

- des créances hypothécaires, privilégiées et chirographaires, à l'exclusion de toute opération commerciale ne présentant pas le caractère juridique d'un prêt ;

- des cautionnements en numéraire ;
- des comptes courants ;
- des bons de caisse.

Les avances en compte courant d'associés ou d'actionnaires des SA, SARL et des sociétés de personnes ayant opté l'Impôt sur les sociétés (IS) sont également concernées, car il y a une présomption de distribution et, en conséquence, la retenue à la source sur les revenus des capitaux mobiliers est due.

Remarque : l'exonération visée par l'article 60 du CGI précité (cf. paragraphe 1.2.2, b) ne concerne exclusivement que les intérêts des sommes inscrites sur les livrets d'épargne des personnes physiques.

Ainsi donc ne sont pas concernés par cette exonération :

- les autres formes de dépôts (dépôts à terme, dépôts en compte courant) ;
- les intérêts servis aux déposants personnes morales (comme les GIE, les Groupements de Promotion Féminine, les associations, les sociétés commerciales, etc.).

iii. Les taux appliqués

Les taux proportionnels suivants sont prévus par les dispositions du CGI :

- produits des actions, parts sociales et parts d'intérêts des sociétés civiles passibles à l'IS : 10% (retenue libératoire pour les personnes physiques) ;
- produits des obligations d'une échéance d'au moins de 5 ans : 6 % (retenue libératoire) ;
- produits des autres obligations = 13 % ;

- autres revenus, notamment les jetons de présence, autres rémunérations d'administrateurs, revenus des créances, dépôts et cautionnements : 16 %.

La retenue de 16 % est ramenée à 8 % lorsqu'il s'agit de revenus de créances versés par une banque autre que la BHS.

Il est important de noter que cette retenue à la source est due par le seul fait soit du paiement des intérêts effectué, quel que soit le moyen (chèque, virement, etc.), soit de leur inscription au débit ou au crédit d'un compte.

iv. Cession des droits sociaux

Par le nouvel article 503, le législateur fait, dorénavant, des droits exigibles à l'occasion de la cession des droits sociaux, des droits de mutation en lieu et place des droits d'acte.

Ainsi, les sociétés ayant constaté, au cours d'une année, des transferts de propriété portant sur des actions, parts d'intérêts et obligations dont elles sont émettrices doivent souscrire, lorsqu'ils sont domiciliés au Sénégal, une déclaration indiquant pour chaque opération l'identité et l'adresse précise du cédant et du cessionnaire, ainsi que le nombre, la forme et la valeur nominale des titres cédés.

v. Rémunérations occultes

Les sociétés par actions et les sociétés à responsabilité limitée qui, directement ou indirectement, versent à des personnes dont elles ne révèlent pas l'identité des commissions, courtages, ristournes commerciales ou non, gratifications et toutes autres rémunérations sont assujetties à l'impôt sur le revenu à raison du montant global de ces sommes.

La taxation est établie sous une cote unique et porte chaque année sur les sommes payées au cours de la période retenue pour l'assiette de l'impôt sur les sociétés. La déclaration des sommes taxables est faite en même temps que celle relative à l'Impôt sur les sociétés.

Il est fait application, à la totalité des sommes ainsi imposées, d'un taux de 50 %, sans abattement.

Autres impôts et taxes divers

La SCM est soumise aux différents impôts et taxes suivants :

- la patente,
- la taxe spéciale sur les voitures particulières des personnes morales,
- les impôts et taxes sur salaires,
- la retenue de 5 % sur les sommes versées aux tiers,
- la TVA et les droits de douane sur les achats de biens et services,
- la contribution foncière sur les propriétés bâties et non bâties.

i. La patente

En application des dispositions de l'article 242 du CGI précité (cf. paragraphe 5.3 de la section 5 du chapitre 1 de la première partie), la SCM imposée au régime de l'impôt sur les bénéfices est assujettie à la patente.

ii. La taxe spéciale sur les voitures particulières des personnes morales

Les sociétés, quel que soit leur objet ou leur forme, et les établissements publics à caractère industriel ou commercial doivent, au plus tard le 31 janvier de chaque année :

- déclarer les voitures particulières détenues, entretenues ou utilisées au Sénégal durant l'année écoulée,
- payer la taxe correspondante.

❖ Véhicules assujettis

La taxe est due lorsque les deux conditions suivantes sont remplies :

1. Le véhicule doit être classé dans la catégorie des voitures particulières par le Code de la route.

La taxe s'applique à l'ensemble des véhicules classés dans le genre « voitures particulières », quel que soit le type de la carrosserie, qu'il s'agisse de conduites intérieures, de cabriolets ou breaks (voir la mention indiquée sur la carte grise).

Cependant, les véhicules conçus pour une activité commerciale ou industrielle (camions, camionnettes, pick-up, etc.) et les véhicules servant au transport en commun de personnes restent en dehors du champ d'application.

La taxe est due quel que soit le lieu d'immatriculation, dès lors que les véhicules sont possédés, utilisés ou entretenus par une société ayant au Sénégal son siège social ou son établissement.

2. Le véhicule doit être détenu, utilisé ou entretenu par le redevable.

La taxe frappe les véhicules :

- Détenus, c'est-à-dire immatriculés au nom de la personne morale ;
- Utilisés, c'est-à-dire pris en location : location avec ou sans chauffeur (avec une durée égale ou supérieure à 15 jours), crédit-bail ;
- dont l'entretien est assuré par la société.

❖ Véhicules entretenus

L'Administration fiscale considère qu'un véhicule est entretenu par une personne morale lorsqu'elle :

- acquitte l'intégralité des frais d'entretien ;
- prend en charge les frais fixes : vignette, assurance, frais de garage, amortissement ;
- verse des indemnités pour frais très importantes, c'est-à-dire excèdent notoirement et substantiellement les frais professionnels exposés par les employés ;
- a supporté la charge de l'acquisition, de la location ou qu'elle pourvoit régulièrement à leur entretien (vignette, assurance, frais de garage, amortissement) des véhicules appartenant à des membres de son personnel.

Dans ce dernier cas, la taxe n'est pas due si la société se contente seulement de financer l'achat du véhicule en consentant au salarié un prêt et que le remboursement n'est pas imputé sur des indemnités de déplacement non justifiées.

❖ Tarif et calcul de la taxe spéciale

Le tarif annuel de la taxe est comme suit :

- véhicule de puissance fiscale inférieure ou égale à 4 CV = FCFA 50 000 ;
- véhicule de puissance fiscale comprise entre 5 et 11 CV = FCFA 100 000 ;
- véhicule de puissance fiscale supérieure à 11 CV = FCFA 200 000.

La période d'imposition s'étend du 1er janvier au 31 décembre de chaque année ; la situation est appréciée trimestre civil par trimestre civil et le tarif applicable à chaque trimestre est égal au quart du taux annuel.

❖ Déclaration, paiement et sanctions

La déclaration est faite en renseignant le formulaire fourni par l'Administration fiscale. Elle doit être déposée au plus tard le 31 janvier suivant l'année d'imposition par le redevable de la taxe.

Le paiement doit être effectué au moment du dépôt de la déclaration qui doit être déposée au Centre des services fiscaux dont relève le redevable.

Le défaut de paiement dans le délai fixé rend exigible, outre la taxe, une amende égale à :

- 100 % de la taxe, si le retard n'est pas supérieur à trois mois (avant le 30 avril de l'année d'exigibilité) ;
- 200 % de la taxe, si le retard est supérieur à trois mois (après le 30 avril de l'année d'exigibilité).

Toute autre contravention, toute inexactitude ou omission dans la déclaration ayant entraîné un préjudice pour le Trésor public donnent lieu à l'application d'une amende égale au double du complément de taxe exigible.

En sus, il peut être procédé à la saisie, à la mise en fourrière du véhicule jusqu'à complet paiement de la taxe, de la pénalité ou de l'amende. La saisie fait l'objet de procès-verbal confirmé, s'il y a lieu, par l'Inspecteur de l'enregistrement compétent.

Le défaut de paiement de la taxe et de l'amende dans le délai de 15 jours à compter de la mise en demeure adressée au contribuable par lettre recommandée avec accusé de réception ou par cahier de transmission, le véhicule saisi est vendu par le service des Domaines qui verse au bureau de l'enregistrement le produit net de la vente jusqu'à concurrence des sommes dues et, le cas échéant, consigne à la Trésorerie générale le solde de ce produit net.

iii. Autres impôts

La SCM, au même titre que l'IMCEC, est soumise à la TVA sur les achats de biens et services intérieurs ou extérieurs, aux droits de douane sur les importations de biens et services, ainsi qu'à la contribution foncière sur les propriétés bâties et non bâties, comme nous l'avons développé dans la première partie de ce livre.

Nous reviendrons, dans la quatrième partie, au champ d'application et aux modalités de calcul des impôts et taxes sur salaires, ainsi que de la retenue de 5 % sur les sommes versées aux tiers, personnes physiques.

2.1.2 Les clients de la société commerciale de microfinance

En plus de la TOB et du droit de timbre sur les quittances de versement d'espèces, ils devront en principe supporter la TVA sur les revenus de créances (considérés comme prestations) que le client devrait facturer au SFD au moment de la rémunération de son dépôt.

L'application de la TVA sur les revenus de créances (les intérêts servis) résulte de l'extension de la notion de prestations de services au Sénégal par la loi fiscale n° 2004- 12 du 06.02.04 (art. 286 du CGI).

Le 25 juillet 2008, la direction générale des impôts et domaines a sorti une note de service portant sur les modalités de liquidation de la TVA et de la retenue à la source sur les revenus des créances sur les intérêts servis aux déposants.

Cette note de service précise que les intérêts servis par les banques et établissements financiers en rémunération des dépôts à terme ou en compte courant sont des produits imposables à la taxe sur la valeur ajoutée, conformément à l'article 286 de la loi n° 92-40 du 9 juillet 1992 portant Code général des impôts (modifiée par la loi n° 2001-07 du 18 septembre 2001). Également, en vertu de l'article 58 du CGI, ils sont soumis à la retenue à la source sur les revenus des créances, dépôts et cautionnements.

Pour l'application des dispositions visées ci-dessus, l'administration fiscale précise que, sauf stipulations contraires figurant dans un contrat passé entre le déposant et le dépositaire, les intérêts rémunérant le dépôt à terme ou en compte courant sont considérés TVA comprise.

Par ailleurs, la TVA étant un impôt sur la consommation et les intérêts étant la rémunération d'une prestation de services, dans cette opération, il revient au dépositaire, la banque, en tant que redevable réel, de supporter la TVA, laquelle doit être facturée et déclarée par le bénéficiaire des intérêts qui représente à ce titre le redevable légal.

En outre, il est à noter que le fait générateur de la taxe correspond à l'inscription en compte du montant des intérêts échus ; la taxe est par conséquent exigible le 15 du mois suivant celui au cours de laquelle cette inscription a eu lieu.

Enfin, il reste entendu que la retenue à la source sur les revenus des créances opérée par la banque, matérialisée par une attestation délivrée par le Chef du bureau de Recouvrement qui a reçu les versements, constitue un crédit d'impôt déductible de l'impôt sur le revenu dont le déposant est définitivement redevable.

Sous réserve de ces précisions, la liquidation de la taxe sur la valeur ajoutée et de la retenue à la source sur les revenus des créances doit être effectuée suivant les modalités décrites dans les exemples ci-après :

Exemples :

1ère hypothèse : intérêts TTC =100
Montant hors TVA = 100 x 100/118 = 84,75
Montant de la TVA = 84,75 x 18% = 15,25
Le montant de la taxe est calculé après reconstitution de la base et déclaré par le bénéficiaire des intérêts. Sur la base des intérêts HT, la banque effectue la retenue à la source sur les revenus de créances au taux de 8 %, soit : retenue à la source sur RC = 84,75 x 8 % = 6,78. Ainsi, étant donné qu'il appartient au bénéficiaire de déclarer et de payer la TVA, la banque verse des intérêts nets de la retenue à la source sur les revenus de créances et TVA comprise d'un montant égal : (84,75 - 6,78) + 15,25 = 93,22. Le coefficient de conversion à appliquer aux intérêts TTC utilisé pour reconstituer le montant hors TVA est obtenu à partir de la fraction 100/118, soit un taux de 84,75 %.

2ème hypothèse : intérêts convenus par stipulations contractuelles = 100 HT
TVA à déclarer par le bénéficiaire = 100 x18 % = 18
Retenue à la source sur RC= 100 x 8 % = 8
Montant à verser par la banque = (100 - 8) + 18 = 110

3ème hypothèse : intérêts TTC versés sans retenue = 100

Si la banque verse des intérêts sans effectuer la retenue à la source sur les revenus de créances, le montant de la retenue que le bénéficiaire aurait dû supporter est considéré comme étant un enrichissement supplémentaire qui doit être compris dans la base de calcul de la retenue et de la TVA. Ainsi, sur des intérêts TVA comprise de 100, la base de la retenue et de la TVA (X) est obtenue selon l'équation suivante :

100 = (X – 8 % X + 18 % X) X = (100*100)/110 = **90,909**

Retenue à réclamer à la banque = 90,909 x 8 % = 7,27
TVA à réclamer au bénéficiaire = 90,909 x 18 % = 16,36

Il convient de retenir que TTC s'entend ici TVA comprise.

2.2 Impôts, taxes et droits dont les SCM sont exonérées

2.2.1 La TOB sur les opérations effectuées avec les banques

En vertu des dispositions de l'article 323 du CGI, les banques et les établissements financiers assimilés sont assujettis à la TOB. Sauf exemption de la loi, ils doivent facturer cette taxe sur toutes les opérations effectuées.

Sur la base de cette règle, lorsqu'une SCM ouvre un compte dans une banque ou dans un établissement financier, elle doit alors supporter cette taxe sur les opérations effectuées (Agios trimestriels, intérêts sur prêts, commissions diverses, etc.).

Cependant, les SFD pouvant être considérés comme faisant partie des établissements financiers, alors ils sont exonérés de la TOB sur les opérations effectuées avec les banques, conformément aux dispositions de l'article 324 du CGI qui stipulent que « sont exonérés de la taxe sur les opérations bancaires les intérêts sur prêts, avances, dépôts en compte correspondants fonctionnant comme tels, engagements par signature ou opérations assimilées, conclus ou réalisés entre banques ou entre banques et établissements financiers installés ou non au Sénégal ».

2.2.2 Le droit d'enregistrement des actes

Sont exempts de la formalité de l'enregistrement (art. 701 du CGI) :

- les imprimés, écrits et actes de toute espèce, nécessaires pour le service des caisses d'épargne ;
- les actes de notoriété exigés par les caisses d'épargne, pour effectuer le remboursement, le transfert ou le renouvellement des livres appartenant aux titulaires décédés ou déclarés absents.

Les SCM autorisées à exercer des activités d'épargne seront ainsi exonérées de la formalité de l'enregistrement des actes, notamment dans le cadre des contrats pouvant lier le SFD à son client : contrat de prêt, contrat pour dépôt à terme, etc.

SECTION 3
PROCÉDURE À SUIVRE POUR OBTENIR L'AGRÉMENT

L'article 7 de la loi n° 2008 – 47 dispose que « les systèmes financiers décentralisés doivent, préalablement à l'exercice de leur activité, être agréés par le ministre ».

Pour ce faire, ils doivent être constitués sous forme de sociétés anonymes, de sociétés à responsabilité limitée, de sociétés coopératives ou mutualistes ou d'associations (art.15).

3.1 La création de la société commerciale : Société Anonyme (SA) ou Société à Responsabilité Limitée (SARL)

3.1.1 Nombre minimum d'associés

Selon l'article 1 de la loi n° 2008 – 47, la société est un groupement de personnes qui répond à la définition donnée par l'Acte uniforme de l'OHADA relatif au droit des sociétés commerciales et du groupement d'intérêt économique.

Or, en vertu des dispositions de l'article 4 de l'Acte uniforme de l'OHADA relatif au droit des sociétés commerciales et du GIE, « la société commerciale est créée par deux ou plusieurs personnes qui conviennent, par un contrat, d'affecter à une activité des biens en numéraire ou en nature, dans le but de partager le bénéfice ou de profiter de l'économie qui pourrait en résulter. Les associés s'engagent à contribuer aux pertes dans les conditions prévues par le présent Acte uniforme».

Selon les dispositions de cet acte uniforme, la société commerciale qui doit être créée dans l'intérêt commun des associés, peut n'avoir qu'un seul associé, désigné « associé unique ».

Cependant, l'article 125 de la loi n° 2008 – 47 stipule que « les systèmes financiers décentralisés constitués sous forme de société ne peuvent revêtir la forme d'une société unipersonnelle ».

Par conséquent, les sociétés commerciales qui veulent être agréées comme SFD doivent avoir au minimum deux associés (dans le cas de la SARL) ou deux actionnaires (cas de la SA).

3.1.2 Nature des apports et montant du capital social

Conformément aux dispositions de l'article 40 de l'Acte uniforme, chaque associé peut apporter à la société :

- de l'argent, par apport en numéraire ;
- de l'industrie, par apport de main-d'oeuvre ;

- des droits portant sur des biens en nature, mobiliers ou immobiliers, corporels ou incorporels, par apport en nature.

Tout autre apport est interdit.

L'article 65 de l'Acte uniforme précise que « le montant du capital social est librement déterminé par les associés. »

Mais en se référant aux dispositions de la nouvelle loi sur les SFD, le capital social ne peut être composé que des apports en numéraire et doit être intégralement libéré.

En effet, l'article 122 de la loi n° 2008 – 47 dispose que « le capital social des systèmes financiers décentralisés constitués sous forme de sociétés doit être intégralement libéré lors de la délivrance de l'agrément. Le capital libéré doit être à tout moment employé dans les États membres de l'UEMOA. »

Par ailleurs, il convient de souligner que l'Acte uniforme a fixé un montant minimum pour le capital social à :

- FCFA 1 000 000 pour la société à responsabilité limitée,
- FCFA 10 000 000 pour la société anonyme.

Cependant, en raison des exigences en matière de capitalisation et du total des fonds propres, il faut s'attendre à ce que la BCEAO fixe ultérieurement, par instruction, le capital social à un montant supérieur aux minima prévus par l'Acte uniforme de l'OHADA.

Cette prérogative accordée à la Banque centrale est prévue par l'article 123 qui dispose que « les fonds propres des systèmes financiers décentralisés non constitués sous forme coopérative ou mutualiste d'épargne et de crédit ayant leur siège social en (Etat où est promulguée la loi ou l'ordonnance) doivent respecter la norme de capitalisation fixée par instruction de la Banque centrale ».

3.1.3 Immatriculation au Registre du commerce et du crédit mobilier

L'immatriculation au Registre du commerce est une obligation prévue par les articles 97 et 98 de l'Acte uniforme relatif au droit des sociétés commerciales et du GIE :

- *« A l'exception de la société en participation, toute société doit être immatriculée au registre du commerce et du crédit mobilier.*
- *Toute société jouit de la personnalité juridique à compter de son immatriculation au registre du commerce et du crédit mobilier, à moins que le présent Acte uniforme en dispose autrement ».*

3.1.4 Immatriculation au NINEA

La SCM, comme l'IMCEC, est soumise aux dispositions du décret n° 95.364 portant création d'un NINEA (voir section 1 du chapitre 3 de la première partie).

3.2 La demande d'agrément

Contenu du dossier de demande

Après la constitution de la SCM, les dirigeants constituent un dossier de demande d'agrément comprenant des pièces dont la liste est indiquée dans l'instruction n° 005-06-2010 de la BCEAO du 14 juin 2010.

3.2.1 L'obtention de l'agrément

En vertu des dispositions de l'article 8 de la loi n° 2008–47, les demandes d'agrément sont adressées au ministre et déposées auprès de la structure ministérielle de suivi qui les instruit.

Après réception du dossier complet, la structure ministérielle de suivi, en l'occurrence la Direction de la Réglementation et de la Supervision du Sénégal (Ex-Cellule d'Assistance Technique aux Caisses Populaires d'Épargne et de Crédit), dispose d'un délai de trois mois pour l'instruire et le transmettre à la Banque centrale, avec ses observations et sa proposition de suite à donner à la demande d'agrément.

La Banque centrale dispose d'un délai de deux mois pour examiner le dossier et communiquer son avis à la structure ministérielle de suivi.

Toute demande de renseignements complémentaires émanant de la structure ministérielle de suivi ou de la Banque centrale, dûment motivée, suspend ces délais.

L'agrément est prononcé, dans un délai de 6 mois, par arrêté du ministre après avis conforme de la Banque centrale et, dans le cas d'un organe financier, après avis conforme de la Commission Bancaire. Il est réputé avoir été refusé s'il n'est pas prononcé au-delà de ce délai, sauf avis contraire donné au demandeur.

La décision d'agrément est publiée au Journal Officiel et dans un journal d'annonces légales ou selon toute autre forme de publicité dans un délai d'un mois et enregistrée au greffe de la juridiction compétente aux frais et à la diligence du SFD.

3.2.2 Les premiers actes de la SCM agréée

Il s'agit de la déclaration d'existence et de la demande d'adhésion à l'Association Professionnelle des Systèmes Financiers Décentralisés.

a. La déclaration d'existence

La SCM est soumise aux mêmes obligations prévues au chapitre 3 de la première partie (cf. section 1 - § 1.1).

b. L'adhésion à l'APSFD

Selon les dispositions de l'article 23 de la loi n° 2008–47, les SFD sont tenus, dans les trois mois qui suivent leur inscription sur le registre des systèmes financiers décentralisés, d'adhérer à l'Association Professionnelle des Systèmes Financiers Décentralisés. Le non-respect de cette disposition expose les systèmes financiers décentralisés aux sanctions disciplinaires prévues à l'article 71 de la loi.

3.2.3 Modifications et autres opérations juridiques de la SCM soumises à l'autorisation préalable du ministre

En vertu des dispositions des articles 16 et 17 de la loi n° 2008 – 47, les opérations suivantes relatives aux systèmes financiers décentralisés ayant leur siège social au Sénégal sont subordonnées à l'autorisation préalable du Ministre :

- toute modification de la forme juridique, de la dénomination ou raison sociale, ou
- du nom commercial ;
- tout transfert du siège social en dehors de l'Etat où l'agrément a été délivré ;
- toute fusion ou scission ;
- toute dissolution anticipée ;
- toute prise ou cession de participation qui aurait pour effet de porter la participation d'une même personne, directement ou par personne interposée, ou d'un même groupe de personnes agissant de concert, d'abord au-delà de la minorité de blocage, puis au-delà de la majorité des droits de vote dans le système financier décentralisé, ou d'abaisser cette participation au-dessous de ces seuils.
- les opérations d'affiliation et de désaffiliation ;

- la création d'une agence ou d'un guichet dans un délai de trente jours calendaires, sous peine des sanctions prévues à l'article 71.

Est considéré comme minorité de blocage le nombre de voix pouvant faire obstacle à une modification des statuts du système financier décentralisé. Sont notamment considérées comme personnes interposées par rapport à une même personne morale ou physique :

- les personnes morales dans lesquelles cette personne détient la majorité des droits de vote ;
- les sociétés dans lesquelles les sociétés visées à l'alinéa précédent détiennent la majorité des droits de vote, ou dans lesquelles leur participation, ajoutée à celle de la personne physique ou morale dont il s'agit, détient la majorité des droits de vote ;
- les filiales de filiales au sens de l'alinéa précédent.

L'autorisation préalable est accordée comme en matière d'agrément.

CHAPITRE 2

DÉCLARATION ANNUELLE DE L'IS

Ce chapitre abordera les thèmes suivants :

- obligation de déclarer le revenu annuel (section 1) ;
- détermination du résultat fiscal (section 2) ;
- calcul et paiement de l'IS (section 3) ;
- difficultés du rapprochement entre le CA déclaré à la TOB et le CA comptabilisé (section 4).

SECTION 1
OBLIGATION DE DÉCLARER LE REVENU ANNUEL

1.1 Les fondements

La confection des comptes annuels est une obligation de la loi n° 2008 - 47 du 3 septembre 2008 relative à la réglementation des Systèmes Financiers Décentralisés au Sénégal (cf. articles 49 et suivants).

En outre, pour l'établissement de la déclaration fiscale annuelle des revenus des personnes physiques et morales, les dispositions de l'article 948 du Code général des impôts (CGI) en vigueur au Sénégal obligent les contribuables à tenir une comptabilité conforme au plan des comptes et aux états financiers du système comptable OHADA.

Les états financiers établis doivent porter sur toutes les transactions effectuées par la société au cours de l'année.

Par ailleurs, conformément à la législation en vigueur, la société doit prendre les mesures nécessaires pour conserver les pièces justificatives et, d'une façon générale, l'ensemble de la comptabilité pendant un délai minimal de dix ans.

Elle devra également assurer la sauvegarde des données et traitements informatisés pour en garantir la conservation et l'inviolabilité.

1.2 Le régime de l'IS

L'impôt sur les sociétés (IS) frappe les bénéfices réalisés par les sociétés de capitaux et les personnes morales qui leur sont fiscalement assimilées.

1.2.1 Sociétés et autres personnes morales imposables :

Les sociétés et groupements passibles à l'IS peuvent être imposables de plein droit ou sur option. Les sociétés imposables de plein droit sont énumérées par l'article 4 du CGI. Il s'agit :

- des sociétés anonymes ;
- des sociétés à responsabilité limitée ;
- des sociétés civiles se livrant à des opérations de nature industrielle, agricole, artisanale, forestière et minière ;
- etc.

En revanche, les sociétés de personnes : sociétés en nom collectif (SNC), groupements d'intérêt économiques (GIE), sociétés de participation et les sociétés de fait dont les membres sont imposables à l'Impôt sur le Revenu des Personnes Physiques (IRPP) peuvent opter pour une imposition à l'IS. Cette option est définitive et irrévocable.

1.2.2 Sociétés exemptées de l'IS

Certaines personnes morales qui, selon les principes exposés ci-dessus, seraient normalement passibles de l'IS, sont, par l'effet de dispositions spéciales :

- soit exonérées purement et simplement : la Caisse Nationale du Crédit Agricole, les associations sans but lucratif, les établissements publics à caractère administratif ou professionnel, etc. ;
- soit placées hors du champ d'application de l'IS pour être soumises à un autre régime. Sont hors champ d'application les sociétés qui construisent ou achètent des immeubles en vue de leur division par fractions destinées à être attribuées aux associés en propriété ou en jouissance.

1.2.3 Territorialité

L'impôt ne frappe que les bénéfices réalisés dans les entreprises exploitées au Sénégal et ceux qui proviennent d'un cycle d'opérations réalisées au Sénégal (art 3 CGI).

Les sociétés dont le siège social est fixé hors du Sénégal sont assujetties à l'impôt d'après les résultats des opérations qu'elles ont réalisées au Sénégal.

1.2.4 Période à laquelle s'applique l'impôt

L'article 6 du CGI dispose : « l'impôt est établi chaque année sur les bénéfices réalisés pendant l'année précédente ou dans la période de 12 mois dont les résultats ont servi à l'établissement du dernier bilan lorsque cette période ne coïncide pas avec l'année civile.

Si l'exercice au cours de l'année précédente s'étend sur une période de plus de 12 mois, l'impôt est néanmoins établi d'après les résultats dudit exercice».

Par exemple, pour l'exercice du 27/06/08 au 31/12/09, l'impôt sera établi en 2008 sur la base d'une déclaration provisoire. Lors du dépôt de la déclaration en décembre 2009, l'impôt sera établi pour la période du 27/06/08 au 31/12/09, (soit 18 mois), sous déduction de celui qui aura été payé sur le résultat provisoire au 31/12/08.

1.2.5 Dates de dépôt des déclarations

La déclaration fiscale doit être faite sur un imprimé spécial auquel doivent être joints les documents suivants :

- états financiers annuels des SFD comprenant : le bilan, le hors bilan, le compte de résultat, les soldes intermédiaires de gestion, les annexes (au total 14 tableaux) ;
- le relevé des amortissements et des provisions déduites du bénéfice imposable, avec l'indication précise de leur objet ;
- le relevé détaillé des frais généraux,
- etc.

SECTION 2
DÉTERMINATION DU RÉSULTAT FISCAL

Le bénéfice imposable (base de l'IS) est le bénéfice net déterminé d'après le résultat d'ensemble des opérations de toute nature effectuées par les sociétés et les personnes morales, y compris notamment les cessions d'éléments quelconques de l'actif, soit en fin d'exploitation, soit en cours d'exploitation.

Il est obtenu à partir du résultat comptable avant impôt auquel il y a lieu d'appliquer des rectifications extra comptables pour tenir compte des charges fiscalement non déductibles ou à l'inverse des profits exonérés en totalité ou en partie.

Nous étudierons successivement :

- les conditions générales de déductibilité des charges,
- les frais généraux,
- les abondements,
- les primes d'assurance,
- les méthodes d'évaluation comptable des actifs et leurs incidences sur les charges de l'exercice,
- les amortissements,
- le crédit-bail,
- les provisions,
- les produits exonérés et les autres déductions extracomptables.

2.1 Conditions générales de déductibilité

L'art. 8 du CGI prévoit que constituent des charges déductibles « les frais généraux de toute nature, les dépenses de personnel, de main-d'œuvre, le loyer des immeubles dont l'entreprise est locataire, les charges financières ».

Pour être admis en déduction, les frais généraux doivent d'une manière générale remplir les 5 conditions suivantes :

1. se rattacher à la gestion normale de l'entreprise ou être exposés dans l'intérêt de l'exploitation (ce qui exclut notamment les dépenses engagées dans l'intérêt personnel des associés ou des dirigeants) ;
2. se traduire par une diminution de l'actif net de l'entreprise ;

3. correspondre à une charge effective et être appuyés de justificatifs suffisants ;

4. être compris dans les charges de l'exercice au cours duquel ils ont été engagés ;

5. concourir à la formation d'un produit non exonéré d'impôt assis sur le bénéfice.

En plus de ces 5 conditions, les charges doivent aussi :

- ne pas dépasser la limitation de déductibilité prévue pour certaines charges (cf. § 1.2.1 ci-après) ;
- respecter le formalisme déclaratif imposé pour certaines charges : provisions, commissions, courtages, honoraires, loyers, etc. (cf. § 1.2.2 ci-après) ;
- ne pas être exclues de la déductibilité par une disposition expresse : IS, IMF, amendes et pénalités, etc. (cf. § 1.2.3 ci-après).

Pour apprécier et juger le caractère normal d'un acte de gestion (condition n°1 ci-dessus), on peut prendre en compte les critères suivants :

- intérêt de l'exploitation,
- absence de contrepartie à la dépense effectuée ou à l'avantage consenti.

Cet intérêt peut être économique (la contrepartie attendue est d'ordre matériel, financier) ou social (l'avantage attendu peut consister par exemple en une amélioration de l'image de marque de la firme dans son environnement).

Les actes anormaux de gestion peuvent être des :

♦ **actes matériels ou financiers :** cession des actifs, utilisation des biens de l'institution, dépenses pour l'acquisition de biens ou de services, sorties de fonds pour d'autres motifs tels que les dons à des organisations, des associations ou des personnes, etc. ;

♦ **actes non matériels :** par exemple, utilisation des employés et du label de l'institution, du titre ou de la fonction occupée à des fins étrangères aux activités courantes de la société.

En se référant aux conditions fixées par le Code général des impôts pour la déductibilité des charges à l'impôt sur les sociétés, il conviendrait d'y ajouter tous les actes non appuyés de justificatifs suffisants (factures, et / ou autres pièces comptables conformes aux règles comptables et fiscales en vigueur).

Les conséquences fiscales d'un acte anormal de gestion peuvent être redoutables, car de telles opérations, contraires à l'intérêt social, constituent généralement des infractions pénales telles que les abus de biens sociaux ou abus de crédit social.

2.2 Les frais généraux

Il convient de préciser que pour certaines catégories de charges, la déductibilité est sans limite : achats de fournitures, de consommables, de carburant, les consommations d'eau, d'électricité, de téléphone, les dépenses de personnel, le loyer des immeubles dont la société est locataire (usage professionnel), etc. ; alors que pour d'autres, la déductibilité :
- est limitée,
- est soumise à un certain formalisme,
- n'est pas admise.

2.2.1 Charges dont la déductibilité est limitée

Nous passerons en revue les catégories de charges suivantes :
- les allocations forfaitaires allouées aux dirigeants des sociétés,
- les dons,
- les loyers,

- les intérêts versés en raison des sommes mises à la disposition de la société par les associés ou actionnaires,
- les frais de voyage du salarié,
- les frais de siège.

a. Les allocations forfaitaires allouées aux dirigeants des sociétés

Les allocations forfaitaires représentatives de frais ou l'indemnité de représentation de frais d'emploi qu'une société attribue à ses dirigeants ou cadres, admises en déduction sans justification, ne sont pas cumulables avec la déduction des frais réels justifiés ; les intéressés doivent donc exercer à cet égard une option valable pour l'année entière et pour les années suivantes tant qu'elle n'est pas expressément dénoncée par ces derniers.

Par dirigeants, il faut entendre exclusivement les dirigeants des sociétés anonymes ou à responsabilité limitée suivants : le Président du conseil d'administration, le Président-directeur général, le Directeur général, le Directeur général adjoint, l'Administrateur général et le Gérant.

L'indemnité est déductible sans limitation sur pièces justificatives des frais réellement engagés par ces personnes à la condition qu'ils soient inhérents à la fonction ou à l'emploi. Mais en cas d'option pour la déduction forfaitaire, les montants excédant les plafonds visés ci-dessous sont imposés :

- 400 000 F CFA par an si le CA <2 milliards,
- 800 000 F CFA par an si le CA ≥ 2 milliards.

b. Les dons

Ils sont admis en déduction seulement dans la mesure où ils sont consentis dans l'intérêt de l'institution ou de son personnel. Sont toutefois déductibles, dans la limite

0,2 % du CA, les versements effectués au profit d'œuvres ou d'organismes d'intérêt général à caractère philanthropique, éducatif, scientifique, social ou familial désigné par arrêté du Ministre des Finances. Ces œuvres ou organismes sont les suivants :

- La Fondation Nationale d'Action Sociale du Sénégal : FNASS,
- L'Association sénégalaise d'Assistance aux Lépreux : ASAL,
- CARITAS Sénégal,
- La Croix Rouge Sénégalaise,
- L'Union Nationale des Aveugles du Sénégal : UNAS,
- Le Comité d'Action pour la Rénovation de St Louis : CARSAL,
- Le Comité National de Solidarité pour l'aide au monde rural.

c. Les loyers des locaux destinés au logement du personnel

Le montant net des loyers des locaux destinés au logement du personnel n'est déductible que dans les limites suivantes et sous réserve que le bail soit effectivement conclu avec la société :

- 1 pièce principale = FCFA 100 000 / mois,
- 2 pièces principales = FCFA 200 000 / mois,
- 3 pièces principales = FCFA 300 000 / mois,
- 4 pièces principales et plus = FCFA 400 000 / mois.

Se reporter à la quatrième partie du livre pour les déclarations périodiques (trimestrielles et annuelles) des loyers versés au cours d'un exercice comptable par un SFD.

d. Intérêts versés en raison des sommes mises à la disposition de la société par les associés ou actionnaires

Les intérêts versés aux associés ou actionnaires, à raison des somme mises par eux à la disposition de la société en sus de leur participation au capital, sont déductibles si le taux est limité à 2 points au-dessus du taux d'escompte de la BCEAO.

En outre, sont déductibles les intérêts rémunérant un montant total des comptes courant d'associés ou d'actionnaires au plus égal au capital social de la société, à condition que celui-ci soit entièrement libéré. Cette limitation vise les SA et les SARL.

Si les deux limites sont respectées, les intérêts sont déductibles de la base d'imposition (IS) de la société emprunteuse. Il est à signaler qu'aucune compensation ne saurait être admise entre l'existence de soldes de comptes courants supérieurs au capital social et celle d'un taux d'intérêt inférieur au taux maximum autorisé. Pas plus qu'il ne peut exister de compensation possible entre :

- un excédent d'intérêts constatés pour un compte (taux appliqué > au taux légal) et
- une insuffisance d'intérêts pour un autre compte (taux appliqué < aux taux maximum légal).

Chaque compte courant doit être envisagé isolément.

Exemple 1 **:** Cas d'une SA au capital entièrement libéré de 50 000 000

Taux d'escompte de la BCEAO 6,5 %

Mt des sommes mises à la disposition de la société au cours de l'année 45 000 000 au taux de 8 %.

Solution

Sommes mises à disposition < capital

Taux utilisé 8 % < max fisc (8,5%)

Intérêts servis = 45 000 000 x 0,08 = 3 600 000

Intérêts déductibles = 3 600 000

À réintégrer = 0

Exemple 2 : capital de la SA 55 000 000
Taux d'escompte de 6,5 %
Mt des sommes mises à disposition par les actionnaires 60 000 000 au taux de 7,5%.

Solution

Intérêt servis = 60 000 000 x 0,075 = 4 500 000
Intérêts déduct = 55 000 000 x 0,075 = 4 125 000
À réintégrer = 4 500 000 – 4 125 000 = 375 000

Exemple 3 : capital de la SA = 40 000 000 jusqu'au 31/05 et depuis 01/6,
capital = 60 000 000
Soldes comptes courants : du 1er/au 31/5 = 50 000 000 au taux 11% du au 1er/06 au 30/11 = 45 000 000
Taux d'escompte BCEAO du 1er/1au 30/6 = 8
Taux d'escompte BCEAO du 1er/7 au 31/12 = 9

Solution

Exemple 3 : intérêt = 50 000 000 x 0,11x 5/12 + 45 000 000 x 0,11 x ½ = 4 766 667
Intérêt déductible = 40 000 000 x 0,10 x 5/12 x 45 000 000 + 45 000 000 x 0,11 x 5/12 = 4 104 167
À réintégrer 4 766 667 - 4 104 167 = 662 500

e. Les frais de voyage du salarié, de sa famille et de leurs bagages

Les frais de transport du salarié expatrié, de son conjoint et de ses enfants mineurs vivant habituellement avec lui ainsi que leurs bagages sont à la charge de l'employeur, sauf, notamment, dans les cas ci-après :

- lorsque le salarié quitte sa résidence habituelle sans contrat ou sans promesse individuelle de contrat de travail ;
- lorsque le contrat individuel d'engagement à l'essai est résilié ou ne donne pas lieu à établissement d'un

contrat définitif, si le salarié a été engagé au lieu d'emploi.

f. Les frais de siège

Les sociétés qui exercent leur activité au Sénégal et dont le siège social est situé à l'étranger peuvent déduire une quote-part représentative des frais de siège leur incombant.

Sous réserve de l'application d'une convention fiscale signée par le Sénégal, cette quote-part est calculée au prorata du chiffre d'affaires global de la filiale et ne peut pas excéder 20 % du bénéfice comptable au Sénégal avant déduction de la quote-part des frais de siège.

Cependant, la limitation de la déduction des frais de siège ne peut être étendue aux prestations et fournitures effectivement accomplies par le siège et facturés à la filiale sénégalaise. Celles-ci constituent des charges entièrement déductibles.

2.2.2 Charges dont la déductibilité est soumise à un formalisme particulier

Il s'agit des commissions, honoraires, loyers et toutes sommes versés à des personnes physiques ou morales en contrepartie des prestations fournies à l'entreprise dans le cadre de l'exploitation de ses activités, lorsque ces personnes ne sont pas liées à l'entreprise par un contrat de travail.

Leur déductibilité est soumise à une double condition :

- lorsque la somme versée dépasse 10 000 FCFA par an et par personne, l'institution doit faire une déclaration à l'administration fiscale en indiquant la désignation et l'adresse du bénéficiaire, son identification fiscale s'il y a lieu ;

- lorsque la somme versée est supérieure ou égale à 25 000 F par an et par personne et que la personne bénéficiaire n'est pas imposée au réel, l'institution devra, en plus du formalisme de déclaration, opérer une retenue de 5 %. Pour les loyers, la retenue n'est effectuée que si la somme versée est égale ou supérieure à 150 000 par mois.

Se reporter à la quatrième partie du livre qui décrit la procédure relative à l'établissement de la déclaration annuelle des sommes versées à des tiers.

2.2.3 Charges non fiscalement déductibles

Les transactions, amendes, confiscations, pénalités de toute nature, notamment celles mises à la charge des contrevenants à la réglementation des prix, le contrôle d'échange ainsi que l'assiette, la liquidation et le recouvrement des impôts, contributions, taxes et tout droit d'entrée, de sortie, de circulation ou de consommation ne sont pas déductibles du bénéfice imposable.

Ne sont pas non plus déductibles :

- la taxe spéciale sur les voitures particulières des personnes morales,
- l'impôt sur les sociétés et l'IMF,
- l'impôt sur le revenu et sur les rémunérations occultes.

2.3 Les abondements

Les abondements ou versements complémentaires, effectués au profit du personnel, à l'occasion de l'émission et l'achat de parts de fonds commun de placement d'entreprise, à la condition que ledit fonds soit établi au Sénégal, sont considérés comme des charges déductibles, alors même qu'ils sont exonérés d'impôt sur le revenu des personnes bénéficiaires.

2.4 Les primes d'assurances

Avec l'avènement de la loi n° 2004-12 du 6 février 2004, les primes d'assurance versées à des compagnies d'assurances agréées et établies au Sénégal en vue de couvrir des indemnités légales de fin de carrière, de décès ou de départ à la retraite acquises au cours d'exercice, à l'exclusion de l'assurance retraite complémentaire, sont déductibles au titre des charges.

2.5 Les méthodes d'évaluation comptable des actifs et leurs incidences sur les charges de l'exercice

2.5.1 Principes de comptabilisation de base

La comptabilisation est le processus consistant à incorporer au bilan ou au compte de résultat une opération qui satisfait à la définition d'un élément des états financiers et qui répond aux critères de comptabilisation suivants :

- il est probable que tout avantage économique futur lié à cette opération ira au SFD ou en proviendra ;
- l'opération a un coût ou une valeur qui peut être déterminé (e) de façon fiable.

Les transactions concernant des actifs, des passifs, des capitaux propres, des produits et des charges tels que définis dans le Plan comptable spécifique des SFD doivent être enregistrées en comptabilité ; une absence de comptabilisation ne peut être justifiée ou corrigée par une information narrative ou chiffrée d'une autre nature, telle qu'une mention en annexe des états financiers.

2.5.2 Principes fondamentaux d'évaluation

L'évaluation consiste en la détermination des montants monétaires auxquels les éléments des états financiers sont comptabilisés et inscrits au bilan et au compte de résultat. Elle intervient lors de la comptabilisation initiale et, postérieurement à cette comptabilisation, au moins à chaque établissement des états financiers.

Sauf dispositions particulières, les éléments d'actifs, de passifs, de produits et de charges sont enregistrés en comptabilité et présentés dans les états financiers au coût historique et sans tenir compte des effets des variations de prix ou de l'évolution du pouvoir d'achat de la monnaie.

Le coût historique d'un actif est le montant de trésorerie payé ou la valeur actuelle de la contrepartie donnée pour l'acquérir à la date de son acquisition.

Le coût historique d'un passif est le montant des produits reçus en échange de l'obligation ou le montant de trésorerie que l'on s'attend à verser pour éteindre le passif dans le cours normal de l'activité.

L'application du concept du coût historique se retrouve dans l'utilisation des notions de valeur d'entrée, valeur actuelle et valeur nette comptable au bilan, pour ce qui concerne les éléments du patrimoine du SFD.

a. Valeur d'entrée

La valeur d'entrée des biens inscrits à l'actif du bilan lors de leur comptabilisation est constituée, après déduction des taxes récupérables et des remises commerciales, rabais et autres éléments similaires pour les biens :

- acquis à titre onéreux, par le coût d'acquisition ;
- reçus à titre d'apport en nature, par la valeur d'apport ;
- acquis à titre gratuit, par la valeur actuelle à la date d'entrée ;

- acquis par voie d'échange : les actifs dissemblables sont enregistrés à la valeur actuelle des actifs reçus, et les actifs similaires sont enregistrés à la valeur comptable des actifs donnés en échange.

Le coût d'acquisition d'un élément est son prix d'achat résultant de l'accord des parties à la date de la transaction, majoré des droits de douane et autres taxes fiscales non récupérables par le SFD auprès de l'administration fiscale ainsi que des frais accessoires directement attribuables pour obtenir son contrôle et sa mise en état d'utilisation.

Les frais de livraison et de manutention initiaux, les frais d'installation, les honoraires de professionnels tels qu'architectes et ingénieurs constituent des frais directement attribuables.

Les réductions commerciales et autres éléments similaires sont déduits pour obtenir le coût d'acquisition.

b. Valeur actuelle

À chaque arrêté des comptes, le SFD doit apprécier s'il existe un quelconque indice montrant qu'un actif a pu perdre de la valeur. Si un tel indice existe, le SFD doit estimer la valeur actuelle de l'actif.

La valeur actuelle d'un bien est définie comme une valeur d'estimation du moment, qui s'apprécie en fonction du marché et de l'utilité du bien pour le SFD.

Cette valeur ne se justifie qu'en application du principe de continuité de l'exploitation, car, dans le cas contraire, l'évaluation est assise sur le prix du marché, la valeur vénale ou la valeur de réalisation (prix potentiel de cession diminué des frais éventuels rendus nécessaires par la transaction).

La valeur actuelle s'apprécie également au regard du principe de prudence qui préconise que les moins-values éventuelles par rapport à la valeur historique de comptabilisation d'un élément du patrimoine soient constatées à l'arrêté des états financiers.

Il est également fait référence à la valeur actuelle dans les cas suivants :

- **acquisition à titre gratuit :** la valeur actuelle est retenue comme valeur de comptabilisation au bilan pour éviter l'absence de valeur pour cet actif ;
- **acquisition par échange :** devant l'incertitude liée à l'estimation des deux éléments d'échange, la valeur actuelle de celui qui présente le plus de fiabilité doit être acceptée.

Dans le cas où chacune des estimations est fiable, on retient comme valeur d'entrée la valeur actuelle du bien acquis.

Dans le cadre des opérations d'inventaire de fin d'exercice, l'appréciation de la valeur actuelle est déterminante pour tous les postes et rubriques des états financiers : immobilisations corporelles et incorporelles, créances et dettes en devises, titres financiers, etc.

c. Valeur comptable nette

C'est la valeur classique la plus usitée en matière d'états financiers. Elle constitue l'intermédiaire entre la valeur d'entrée (historique) et la valeur actuelle (appréciée en fonction de considérations de gestion précitées).

Deux cas de figure peuvent se présenter :

➤ **Valeur comptable nette = valeur d'entrée** si la valeur actuelle déterminée est supérieure à la valeur d'entrée.

Exemple

Terrain nu comptabilisé :	3 500 000 F CFA
Valeur du terrain au 31/12/N :	4 750 000 F CFA

Valeur comptable nette = valeur d'entrée : 3 500 000 FCFA.

Par application du principe de prudence, la plus-value de F CFA 1 250 000 n'est pas comptabilisée.

➢ **Valeur comptable nette = valeur actuelle** si la valeur actuelle déterminée est inférieure à la valeur d'entrée.

En application du principe du coût historique, la valeur d'entrée demeure inscrite en montant brut et la différence avec la valeur actuelle (moins-value) est constatée par le mécanisme d'amortissements ou de provisions pour dépréciation.

2.5.3 Évaluation des immobilisations corporelles et incorporelles

Une immobilisation corporelle est un actif corporel détenu par un SFD pour la location ou l'utilisation à des fins administratives, et qu'elle s'attend à utiliser sur plus d'un exercice.

Une immobilisation incorporelle est un actif non monétaire, identifiable et sans substance physique, détenue par une institution pour la location ou l'utilisation à des fins administratives. Il s'agit par exemple de fonds commerciaux acquis, de marques, de logiciels informatiques ou autres licences d'exploitation, de frais de constitution ou de frais de développement logiciels informatiques.

Les principes suivants sont applicables pour regrouper ou séparer les actifs corporels :

- les éléments de faible valeur peuvent être considérés comme entièrement consommés dans l'exercice de leur mise en service et, par conséquent, ne pas être comptabilisés en immobilisations ;

• les composants d'un actif sont traités comme des éléments séparés s'ils ont des durées d'utilité différentes ou procurent des avantages économiques selon un rythme différent.

Les immobilisations acquises par le SFD sont comptabilisées au coût d'acquisition. Les immobilisations produites par l'institution pour elle-même sont comptabilisées au coût de production. Les coûts suivants sont des frais directement rattachables qui entrent dans le coût d'une immobilisation :

- coût de préparation des locaux ;
- frais initiaux de livraison et de manutention ;
- frais d'installation ;
- honoraires des professionnels tels qu'architectes et ingénieurs.

Les dépenses ultérieures relatives à des immobilisations corporelles ou incorporelles déjà comptabilisées en immobilisations sont enregistrées en charges de l'exercice au cours duquel elles sont encourues si elles restaurent le niveau de performance de l'actif.

Les terrains et les constructions constituent des actifs distincts et sont traités séparément en comptabilité, même s'ils sont acquis ensemble ; les constructions sont des actifs amortissables, alors que les terrains sont des actifs non amortissables.

Les dépenses de développement ou des dépenses résultant de la phase de développement d'un projet interne constituent une immobilisation incorporelle si, et seulement si, l'institution peut démontrer tout ce qui suit :

• la faisabilité technique nécessaire à l'achèvement de l'immobilisation incorporelle en vue de sa mise en service ou de sa vente ;

• son intention d'achever cette immobilisation incorporelle et de l'utiliser ou de la vendre ;

• sa capacité à utiliser ou à vendre l'immobilisation incorporelle ;

• la façon dont l'immobilisation incorporelle génèrera des avantages économiques futurs probables. Le SFD doit démontrer, entre autres choses, l'existence d'un marché pour la production issue de l'immobilisation incorporelle ou pour l'immobilisation incorporelle elle-même ou, si celle-ci doit être utilisée en interne, son utilité ;

• la disponibilité de ressources (techniques, financières et autres) appropriées pour achever le développement et utiliser ou vendre l'immobilisation incorporelle ;

• sa capacité à évaluer de façon fiable les dépenses attribuables à l'immobilisation incorporelle au cours de son développement.

Les dépenses de recherche ou les dépenses résultant de la phase de recherche d'un projet interne constituent des charges à comptabiliser lorsqu'elles sont encourues. Elles ne peuvent être immobilisées.

Les plus ou moins-values dégagées lors d'une cession d'immobilisations corporelles ou incorporelles sont comptabilisées à la date de cession en produits ou en charges exceptionnels.

Après la comptabilisation initiale en tant qu'actif, une immobilisation corporelle doit être comptabilisée à son coût diminué du cumul d'amortissements et du cumul éventuel des pertes de valeurs.

2.6 Les amortissements

2.6.1 Définition

L'amortissement résulte de la répartition systématique du montant amortissable d'un actif sur sa durée d'utilité estimée selon un plan d'amortissement et en tenant compte de la valeur résiduelle probable de l'actif à l'issue de cette durée.

La durée d'utilité et le mode d'amortissement d'une immobilisation corporelle doivent être réexaminés périodiquement, et en cas de modifications importantes des estimations ou prévisions antérieures, la dotation aux amortissements de l'exercice en cours et des exercices futurs doit être ajustée.

L'amortissement correspond à la consommation des avantages économiques liés à un actif corporel ou incorporel. Le mode d'amortissement préconisé par le nouveau plan comptable est le mode linéaire ou mode constant. A l'exception des logiciels, les amortissements des valeurs incorporelles se font par imputation directe aux comptes d'immobilisations concernés.

Toute modification significative dans l'environnement économique, technique et juridique ou des conditions d'utilisation du bien est susceptible d'entraîner la révision du plan d'amortissement en cours d'exécution.

Il est fait obligation de comptabiliser annuellement un amortissement au moins égal à un amortissement linéaire.

2.6.2 Règles générales

Sont amortissables tous les éléments de l'actif soumis à dépréciation du fait de l'usage ou du temps (immeubles, matériels, mobilier de bureau, etc.) ; en revanche, les biens non sujets à dépréciation ne peuvent être amortis, comme c'est le cas des terrains nus.

Les éléments de l'actif soumis à dépréciation comprennent les biens d'équipement acquis par l'institution ainsi que ceux loués par celle-ci dans le cadre d'un contrat de crédit-bail et inscrits à l'actif de son bilan.

En matière d'amortissement des immobilisations, les règles suivantes doivent être scrupuleusement suivies :

- pas d'amortissement sans dépréciation établie ;
- l'amortissement doit être égal à la dépréciation ;
- pour être admis, l'amortissement doit être réellement effectué ;
- les amortissements doivent être comptabilisés même en période déficitaire.

2.6.3 Taux usuels

Le taux est celui admis d'après les usages de chaque profession, industrie, ou activité. Dans certains cas, et compte tenu du caractère particulier du mode d'exploitation de certains biens, il est recommandé de fixer le taux d'amortissement en accord avec l'Administration fiscale.

À titre indicatif, les taux usuels d'amortissement autorisés par l'Administration fiscale au Sénégal sont les suivants :

- immeubles bâtis : 2 à 5 % ;
- mobilier de bureau : 10 % ;
- matériel d'exploitation ou de bureau : 10 à 15 % ;
- agencements, aménagements et installations : 10 à 15 % ;
- matériel roulant d'utilisation urbaine : 20 à 25 % ;
- matériel roulant en brousse : 33 %.

Il convient de préciser que ces taux sont appliqués aux biens neufs. Pour les biens d'occasion, il n'y a pas de taux maximum autorisés par l'Administration fiscale.

En cas de vérification de comptabilité par les agents de l'Administration, les dotations résultant des taux d'amortissement excédentaires par rapport à ceux indiqués ci-dessus peuvent faire l'objet de redressement fiscal.

2.6.4 Base de calcul

L'amortissement se calcule sur la valeur d'origine inscrite au bilan. Cette valeur s'entend :

• lorsqu'il s'agit d'immobilisations acquises par l'institution : du coût réel d'achat augmenté, le cas échéant, des frais accessoires tels que frais de transport, droits de douane ainsi que les frais d'installation et de montage ;

• lorsqu'il s'agit d'immobilisations créées par l'institution : du coût réel de production ou du coût d'achat des matières premières ou fournitures utilisées, augmenté de toutes les charges directes ou indirectes de production.

Remarque : Les SFD ne pouvant déduire la TVA, les biens ainsi acquis sont comptabilisés et amortis sur la base, toutes taxes comprises.

2.6.5 Méthodes d'amortissement

La méthode d'amortissement pouvant être utilisée par les SFD est celle du droit commun, c'est-à-dire l'amortissement linéaire. L'amortissement accéléré et l'amortissement dégressif ne peuvent être utilisés par les SFD, car n'étant pas des entreprises industrielles.

Le point de départ de l'amortissement est en principe la date de mise en service. Lorsque celle-ci est postérieure à la date d'acquisition ou de la construction, l'institution peut retenir cette dernière, car un bien subit une dépréciation économique du seul fait du temps.

Si le point de départ de l'amortissement se situe en cours d'exercice, la première annuité doit être réduite *prorata temporis* et calculée en jours.

De même, en cas de cession d'un élément en cours d'exercice, l'amortissement doit être pratiqué au jour de la cession.

2.6.6 Cas de l'amortissement des biens subventionnés

L'acquisition ou la création d'immobilisations subventionnées est enregistrée dans les comptes d'actif par la contrepartie d'un compte du passif : subventions d'investissement.

La subvention est rapportée aux résultats de chaque exercice de la manière suivante :

• pour les immobilisations non amortissables (terrains, dépôts et cautionnements), la subvention est étalée sur une durée de 10 ans (s'il n'existe pas de clause d'inaliénabilité) ;

• pour les immobilisations amortissables, le montant de la quote-part est égal au montant de la dotation aux comptes d'amortissement des immobilisations.

Cependant, lorsqu'il existe une clause d'inaliénabilité, la subvention est étalée sur la durée pendant laquelle le bien ne peut être aliéné.

2.7 Le crédit-bail

Nous examinons les deux situations possibles :

- la SCM est locataire et paie des redevances mensuelles ;
- la SCM est propriétaire-bailleur.

2.7.1 Les redevances de crédit-bail

Depuis la réforme fiscale du 6 février 2004, les biens pris en crédit-bail sont immobilisés à l'actif du bilan de l'entreprise preneuse et les amortissements sont admis en charges déductibles. Le traitement fiscal des opérations de crédit-bail introduit par la nouvelle loi s'inscrit dans le cadre de la mise en harmonie des dispositions du Code général des impôts, avec les référentiels comptables communautaires (SYSCOA et Plan comptable bancaire), en adoptant ainsi le principe comptable de la prééminence de la réalité économique sur l'apparence juridique.

Le traitement résulte du fait que le contrat de crédit-bail consacre un transfert au preneur des attributs normaux du droit de propriété : la possession, l'usage et les risques.

Il convient de rappeler que dans le cadre du nouveau référentiel comptable spécifique aux SFD, la totalité des loyers versés au bailleur est inscrite au débit du compte 6211 « Redevances de crédit-bail ». En effet, ce nouveau plan comptable n'a pas prévu l'immobilisation du bien pris en crédit-bail et le retraitement de la redevance annuelle entre l'amortissement financier de l'emprunt (remboursement du capital initial) et les intérêts financiers (charge).

2.7.2 L'amortissement des biens loués dans le cadre d'un contrat de crédit-bail

Comme dans le cas du PCB, le nouveau référentiel comptable spécifique aux SFD a prévu l'immobilisation et l'amortissement des biens destinés à être loués en crédit-bail (cf. les comptes 461 « Crédit-bail » et 604 « charges sur valeurs immobilisées »).

Or, fiscalement, les amortissements pratiqués ne sont pas des charges déductibles à l'IS. Le crédit-bailleur (le SFD) doit analyser l'opération comme si elle était un concours financier octroyé à son client. À cet effet, il doit opérer une ventilation des loyers et de la valeur résiduelle entre la marge et l'amortissement de l'encours financier.

Ainsi, le crédit-bailleur devra procéder, de façon extracomptable (sur le tableau de détermination du résultat fiscal) d'une part, à la réintégration des amortissements pratiqués conformément au plan comptable des SFD et, d'autre part, à la déduction des amortissements financiers. En d'autres termes, seul l'amortissement financier (ou remboursement d'emprunt) correspondant à la différence entre la redevance et les intérêts est à déduire.

2.8 Les provisions

On appelle provision la fraction des bénéfices que l'institution met de côté en vue de faire face ultérieurement soit à :

- une dépréciation ou la perte d'un élément d'actif ;
- une charge qui n'est pas encore effective à la clôture de l'exercice mais que des événements en cours rendent probables.

2.8.1 Provisions pour risques et charges

Sur le plan fiscal, la déduction des provisions est subordonnée à certaines conditions.

a. Conditions de fonds

Elles sont au nombre de quatre :

i. la provision doit être destinée à faire face soit à une perte ou à la dépréciation d'un élément de l'actif, soif à la charge qui, si elle était intervenue au cours de l'exercice, aurait pu normalement venir en déduction des bénéfices imposables de cet exercice ;

ii. la perte ou la charge doit être nettement précise par :

- une individualisation claire soit de l'élément d'actif susceptible d'être l'objet de la dépréciation de la perte, soit de la nature de la charge à prévenir ;
- une évaluation avec une approximation suffisante du montant de la perte ou de la charge ;

iii. la perte ou la charge doit être probable, ce qui exclut les provisions fondées sur des risques simplement éventuels ;

iv. la probabilité de la perte ou de la charge doit résulter d'événements en cours. Ainsi, une provision n'est pas déductible si elle trouve son origine dans un événement ayant pris naissance après la clôture de l'exercice.

b. Conditions de forme

La provision doit être effectivement comptabilisée. Elle doit figurer sur un relevé spécial annexé à la déclaration de l'IS. Le relevé précise le montant de chaque provision et son objet.

c. Sort des provisions pour risques et charges constituées

Trois situations peuvent se présenter, selon que la provision est utilisée, conformément à son objet, qu'elle devient sans objet ou est détournée de son objet.

Lorsque la perte ou la charge en prévision de laquelle une provision a été constituée se réalise effectivement, cette perte ou charge doit être compensée à due concurrence par le montant de ladite provision. La déduction de la provision devient définitive à hauteur des sommes compensées.

En revanche, si la provision est plus élevée que la perte ou la charge, elle est sans objet pour le surplus.

Lorsque la perte ou la charge en vue de laquelle la provision a été constituée ne se réalise pas, la provision doit être considérée comme devenue sans objet.

La provision qui est devenue sans objet au cours d'un exercice doit être rapportée au bénéfice imposable, sauf lorsqu'il s'agit d'une provision non déductible fiscalement et antérieurement imposée.

Lorsque la provision est détournée de son objet (exemple : distribuée aux associés ou virée à un compte de réserves), elle doit être rapportée au résultat de l'exercice au cours duquel elle a reçu un emploi non conforme à son objet.

d. Cas des provisions pour congés à payer et pour indemnités de départ à la retraite

Les provisions au titre de congés à payer et d'indemnités de départ à la retraite dues au personnel à la fin de chaque exercice comptable doivent être calculées et enregistrées, conformément aux principes comptables fondamentaux, notamment en application des principes de prudence et de rattachement des charges aux produits de l'exercice.

La provision pour congés à payer correspond aux droits aux congés acquis par les travailleurs à la date de clôture de l'exercice et il est de règle de la déterminer en prenant en compte, pour chaque employé, la date de dernier retour de congés et le niveau de rémunération.

La provision pour indemnités de départ à la retraite dues au personnel doit être calculée et enregistrée à la clôture de chaque exercice comptable. Versée à un travailleur à la fin de sa carrière, elle est relative à l'ensemble de ses années de présence dans l'institution. Il serait donc légitime de considérer qu'à chaque exercice comptable devrait être affectée la partie de cette charge qu'il a fait naître.

Du point de vue fiscal, les provisions pour congés à payer, gratifications, ou allocations en raison de départ à la retraite des membres du personnel sont des charges qui ne sont déductibles de la base imposable à l'impôt sur les sociétés qu'au titre de l'exercice de leur paiement effectif.

Dans la pratique, les provisions de l'exercice N sont réintégrées sur le tableau de détermination du résultat fiscal et celles de l'exercice précédent sont déduites.

2.8.2 Provisions pour crédits en souffrance

a. Principes de base

Ce sont des dépréciations subies en raison des retards notés dans les crédits accordés aux clients ou membres et dont les effets ne sont pas jugés irréversibles.

La dépréciation doit être certaine quant à sa nature et les créances en souffrance doivent être traitées de façon individuelle avant de déboucher sur une situation globale. Ainsi, les SFD doivent établir, lors des arrêtés annuels, un état des créances en souffrance et provisionner en fonction des normes édictées par la Banque centrale (Instructions portant sur les normes prudentielles applicables aux SFD).

Les événements générateurs de dépréciations provisionnées, survenus après la clôture de l'exercice, ne sont pas pris en compte dans ledit exercice ; les provisions pour dépréciation ne doivent être constituées que pour des dépréciations subies au cours de l'exercice, et à la clôture de l'exercice.

La provision pour dépréciation doit être constituée même en l'absence ou en cas d'insuffisance d'excédent ou de bénéfice, conformément au principe de prudence. Ces provisions sont portées à l'actif du bilan, en déduction de la valeur des postes qu'elles concernent, sous la forme prévue par le modèle de bilan.

En outre, la constitution de ces provisions répond à une application stricte des principes comptables suivants :

- le principe de prudence, défini comme l'appréciation raisonnable des faits afin d'éviter le risque de transfert, sur l'avenir, d'incertitudes présentes susceptibles de grever le patrimoine et le résultat de l'institution ;

- le principe de la spécialisation ou de l'indépendance des exercices, qui exige que les charges et les produits de chaque exercice comptable soient imputés à la période au cours de laquelle ils ont pris naissance, à savoir les produits lorsqu'ils sont acquis et non pas seulement encaissés, pour les charges, lorsqu'elles sont engagées et non pas lorsqu'elles sont décaissées.

b. Détermination de la provision

Les crédits en souffrance sont les crédits dont une échéance au moins est impayée depuis plus de trois mois. Dès lors, la totalité de l'encours du crédit échu ou non doit être déclassée dans cette rubrique.

Les crédits en souffrance doivent faire l'objet de provisions à constituer en fin d'exercice. Le montant de la provision est déterminé selon les retards observés dans le paiement des échéances et en pourcentage du solde restant dû qui sont fixés par le nouveau Référentiel comptable spécifique des SFD de l'UEMOA et comme suit :

- crédit comportant au moins une échéance impayée de 0 à 6 mois au plus : 40 % du solde restant dû ;
- crédit comportant une échéance impayée de plus de 6 mois à 12 mois au plus : 80 % du solde restant dû ;
- crédit comportant une échéance impayée de plus de 12 à 24 mois au plus : 100 % du solde restant dû.

Au-delà de 24 mois, les dépôts constitués en garantie sont prélevés pour remboursement partiel et le solde de la créance est viré en perte. Durant toute la phase de souffrance, les dépôts de garantie ne sont pas prélevés.

Toutefois, le provisionnement peut porter sur les crédits déclassés en souffrance, mais il peut être aussi effectué en cas d'indice avéré sur le non recouvrement sur la base d'une décision de gestion.

c. Obligations du SFD

En vue de permettre à l'Administration fiscale, lors des vérifications de comptabilité, d'effectuer ses contrôles pour apprécier le bien fondé des déclarations du contribuable, le SFD devra :

- tenir à jour un fichier des crédits en retard qui fournira, entre autres, l'identité de l'emprunteur, la durée du retard et le capital restant dû ;
- effectuer le déclassement comptable des crédits sains en crédits en souffrance devra se faire sur la base du fichier précité ;
- appliquer scrupuleusement les taux de provision énoncés par la BCEAO ;
- reprendre totalement à la fin de l'exercice, plutôt que d'ajuster la provision par crédit, les provisions passées l'exercice précédent et enregistrer les dotations de l'exercice sur la base du fichier des crédits en retard au 31 décembre de l'exercice clos ;

- décrire les procédures relatives au traitement comptable et extracomptable des impayés ;
- conserver ces documents pendant une période au moins égale au délai de prescription légal (cf. section 8 du chapitre 1 de la quatrième partie).

2.8.3 Crédits en souffrance passés en pertes

En vertu des dispositions du nouveau plan comptable spécifique des SFD, la créance est considérée comme irrécouvrable lorsque le crédit comporte au moins une échéance impayée de plus de 24 mois.

Ainsi, après reprise des provisions initialement constituées, la créance est comptabilisée dans les charges.

Toutefois, le SFD est tenu de mettre en place un registre des crédits abandonnés qui servira à suivre la totalité de ces crédits depuis le début. Ce registre devra fournir, entre autres informations sur la date de l'abandon (comptable), le capital abandonné, les intérêts et frais, les sommes recouvrées et le solde restant dû. Ce registre devra être régulièrement mis à jour.

2.9 Produits exonérés et autres déductions extracomptables

Nous étudierons successivement : les revenus de capitaux mobiliers exonérés d'IS et les déficits fiscaux.

2.9.1 Les revenus de capitaux mobiliers exonérés d'IS

Les revenus suivants, lorsqu'ils sont encaissés par une SCM, sont exonérés de l'impôt sur les sociétés :

- les intérêts de bons de caisse nominatifs ou au porteur émis au Sénégal soumis au prélèvement libératoire de 20 % ;
- les intérêts de titre publics (intérêt de titres PBE) ;
- les intérêts et autres produits de titres d'emprunt émis par l'État, les Communes et les Collectivités locales ;
- les intérêts et tous autres produits des comptes de dépôts ouverts dans les écritures de la Banque de l'Habitat du Sénégal, ainsi que les prêts et avances, quelle que soit leur forme, consentis à cet établissement ;
- les intérêts de prêts consentis à la Caisse Nationale de Crédit Agricole du Sénégal ;
- les intérêts et tous autres produits prêts et avances, quelle que soit leur forme, consentis aux sociétés

d'économie mixte qui ont pour objet la promotion et le développement de la petite et moyenne entreprise industrielle, commerciale ou artisanale ;

- lorsque le régime des sociétés mères et filiales est applicable, les dividendes distribués par la société mère ne sont pas soumis à la retenue à la source dans la limite du montant brut des produits des actions ou parts d'intérêts perçus de la filiale.

2.9.2 Les reports déficitaires et les amortissements réputés différés

Le déficit fiscal dégagé au titre d'un exercice peut être imputé sur les premiers bénéfices imposables des 3 exercices suivants. Au-delà de ce délai, il est perdu. Par exemple, un déficit subi au cours de l'exercice 2009 peut être imputé sur l'exercice 2010 et en tant de besoin, sur les exercices 2011 et 2012, mais il ne pourra pas être imputé sur l'exercice 2013.

Toutefois, cette limitation du délai de report ne s'applique pas à la fraction du déficit qui trouve son origine dans les amortissements pratiqués au cours de l'exercice. Ces amortissements, réputés différés en période déficitaire, constituent le déficit privilégié imputable sur les exercices postérieurs sans limitation de durée.

Le caractère déficitaire d'un exercice doit s'apprécier par référence au résultat fiscal, abstraction faite des déficits reportables des exercices antérieurs.

SECTION 3
CALCUL ET PAIEMENT DE L'IS

3.1 Calcul de l'impôt sur les sociétés (IS)

La base de l'IS ou le bénéfice imposable correspond au résultat fiscal calculé comme suit :

Résultat fiscal = Résultat comptable + Réintégrations - Déductions

Les réintégrations concernent des charges comptabilisées et qui ne réunissent pas les conditions décrites dans les paragraphes 2.2 à 2.8 ci-dessus.

Les déductions peuvent être constituées des produits exonérés, des provisions pour congés à payer et pour indemnités de retraite réintégrées au titre de l'exercice N-1, des reports déficitaires et des amortissements réputés différés.

Le taux de l'IS en vigueur est égal à 25 % du bénéfice imposable. Lorsque les résultats sont déficitaires, la société supporte l'impôt minimum forfaitaire (IMF). Le tarif de l'IMF est le suivant :

Chiffre d'affaires hors taxe Montant IMF
Jusqu'à 250 millions de FCFA 500 000
De 250 millions à 500 millions de FCFA 750 000
Au-delà de 500 millions de FCFA 1 000 000

Le montant de l'impôt à payer ne peut pas être inférieur au montant de l'IMF.

Sont exonérées de l'IMF :

- les sociétés ayant commencé leurs premières opérations dans le courant de l'année précédant celle de l'imposition et les sociétés ayant clos leur premier bilan au cours ou à la fin de ladite année, à la condition, dans ce cas, que l'exercice ne soit pas d'une durée supérieure à douze mois ;

- les sociétés ayant pour objet exclusif l'édition, l'impression ou la vente de feuilles périodiques ;

- les sociétés ayant cessé toutes activités professionnelles antérieurement au 1er janvier de l'année d'imposition et non assujetties à la contribution des patentes dans les rôles de l'année en cours ;

- les sociétés bénéficiaires d'une réduction d'impôt pour investissement lorsque cette réduction pour l'année considérée est égale ou supérieure à 715 000 FCFA ;

- les entreprises dont les actions appartiennent à l'État et sont cédées dans le cadre de l'opération de privatisation, à la condition que les cessionnaires possèdent au moins un tiers du capital social. La durée de cette exonération est fixée à cinq ans à compter de la date de cession des actions.

3.2 Paiement de l'IS

Les retenues à la source qui ont été effectuées sur les produits de capitaux mobiliers perçus par la société sont déduites du montant de l'IS à payer par la société.

Par ailleurs, il convient de rappeler que les revenus de capitaux mobiliers (revenus de créances et revenus de valeurs mobilières) doivent être comptabilisés pour leur montant brut avant déduction de la retenue, celle-ci venant en diminution de l'IS à payer.

Dans le cas des sociétés bénéficiant du régime des sociétés mères et filiales, seul le revenu net est à comptabiliser.

Le paiement de l'IS est effectué par acomptes selon les modalités ci-après :

i. un 1er acompte est exigible au plus tard le 15 février de l'année d'imposition (exercice N). Il est calculé sur le montant de l'IS déjà payé sur les résultats du dernier exercice (N-2) imposé au titre de l'année précédente (exercice N-1). Cet acompte, qui est égal au tiers de l'IS, ne peut être inférieur au montant de l'IMF normalement dû par le contribuable, s'il était en période déficitaire ;

ii. le 2ème acompte est exigible au plus tard le 15 avril de l'année d'imposition selon les mêmes modalités que le 1er acompte (1/3 de l'impôt payé sur les résultats de l'exercice N-2) ;

iii. le solde de l'IS est exigible au plus tard le 15 juin suivant. Il est égal à la différence entre le montant de l'IS de l'exercice N-1 et le montant des deux acomptes déjà payés au cours de l'exercice N (année d'imposition).

Le montant des acomptes est arrondi à la centaine de francs inférieure. Toute somme inférieure à 50 FCFA est rapportée au montant suivant ou négligée, s'il s'agit du dernier acompte.

Exemple : Considérons le cas d'une institution qui clôt ses comptes annuels le 31/12/2009. L'année d'imposition (exercice N) est l'exercice 2010 au cours duquel la SCM s'acquittera de l'IS dû au titre de l'année 2009 (exercice N-1).

Mais les deux premiers acomptes provisionnels (15 février 2010 et 30 avril 2010) seront calculés sur la base de l'IS payé en 2009 au titre de l'année 2008 (exercice N-2).

Supposons que l'institution a réalisé, à la clôture des comptes de 2009, un bénéfice fiscal de FCFA 54 100 000 et a payé durant le même exercice, au titre de l'IS de 2008, un montant total de FCFA 12 624 000.

Ainsi, l'IS de 2009, soit FCFA **13 525 000** (= 54 100 000 x 25 %), sera payé en 2010 comme suit :

- 1er acompte provisionnel du 15/02/2010 = FCFA 12 624 000 x 1/3 = FCFA 4 208 000 ;
- 2ème acompte provisionnel du 30/04/2010 = FCFA 12 624 000 x 1/3 = FCFA 4 208 000 ;
- 3ème acompte provisionnel (solde) du 15/06/2010 = 13 525 000 – (4 208 000 x 2) = 5 109 000 FCFA

3.3 Sanctions

En matière d'IS, le non respect des obligations légales peut entraîner les sanctions suivantes :

a. Pénalités d'assiette

Le retard de déclaration et à l'absence de déclaration peuvent donner lieu à une taxation d'office et une majoration d'IS de 25 %.

Lorsque les résultats sont déficitaires, une amende de 100.000 FCFA est applicable.

b. Pénalités de recouvrement

L'impôt non versé dans le délai légal donne lieu à une majoration de 10 %.

SECTION 4
DIFFICULTÉS DU RAPPROCHEMENT ENTRE LE CA DÉCLARÉ À LA TOB ET LE CA COMPTABILISÉ

L'administration fiscale a l'habitude de procéder à un rapprochement entre le chiffre d'affaires figurant dans les états financiers (donc comptabilisé) et le total obtenu par la somme des chiffres d'affaires mensuels indiqués sur les déclarations de TOB. Théoriquement, on devrait obtenir une égalité, mais dans la réalité, il existera, dans le cas des SFD, une différence qui s'explique par la méthode préconisée par les Instructions de la BCEAO pour la comptabilisation des intérêts sur crédits.

En effet, les instructions de la BCEAO relatives aux SFD préconisent, pour la comptabilisation des intérêts, une méthode prudente :

- au cours de l'exercice comptable, les intérêts sont enregistrés lorsque l'argent correspondant est encaissé (quand les intérêts sont payés avec chaque remboursement). La TOB sur ces intérêts sera reversée mensuellement au Trésor public. Cependant, si les intérêts sont payés d'avance, il est appliqué le principe de rattachement ;

- à la clôture de l'exercice, le produit des intérêts est enregistré lorsqu'il est échu et non lorsque l'argent correspondant est perçu (utilisation du compte de créances rattachées).

En application de ces règles, les SFD sont tenus d'identifier, pour les opérations avec les institutions financières et assimilées ainsi que celles avec leurs membres ou clients, les intérêts courus à recevoir ou à payer.

À la fin de chaque exercice, les intérêts courus, dès lors qu'ils figurent dans l'état de formation du résultat, doivent être inscrits dans les sous-rubriques de créances rattachées prévues dans le bilan ; en plus, la SCM est tenue de reverser la TOB à facturer sur ces intérêts lors de la déclaration du mois de décembre.

La SCM doit prendre les dispositions nécessaires, à défaut de le faire d'une manière mensuelle ou trimestrielle, le montant des créances rattachées à la clôture de l'exercice comptable en tenant compte des créances rattachées non taxables.

Remarques

1. Les intérêts sur les créances en souffrance ou en retard ne sont pas comptabilisés mais font l'objet d'un suivi extracomptable par respect du principe de prudence. Mais une fois encaissés (comptabilisés en produits exceptionnels), la TOB est due. Cependant, afin d'éviter un double paiement de la taxe sur ces créances rattachées, la SCM devra mettre en place un système de suivi de l'apurement au cours de l'exercice comptable suivant ;

2. Les frais de tenue de compte et agios annuels ou du dernier trimestre de l'exercice ne devraient pas impacter la base de TOB, dès lors qu'ils ne sont pas encaissés par la banque ou inscrits au débit du compte bénéficiaire des opérations.

CHAPITRE 3

AUTRES DÉCLARATIONS MENSUELLES ET ANNUELLES

Nous traiterons, dans la 1ère section, la déclaration de la taxe sur le chiffre d'affaires et, dans la seconde, les autres déclarations fiscales périodiques obligatoires.

SECTION 1
DÉCLARATION DE LA TAXE SUR LE CHIFFRE D'AFFAIRES

1.1 Le champ d'application

Les opérations réalisées par les banques et établissements financiers sont exonérées de la TVA et sont soumises à la taxe sur les opérations bancaires (TOB).

La TOB s'applique aux intérêts, commissions et autres rémunérations perçues par les SCM agréées au Sénégal sur les crédits, prêts, avances, engagements par signature et opérations de services réalisées avec des personnes physiques ou morales, quel que soit leur domicile.

Les engagements par signature comprennent les produits sur engagement de financement et les produits sur engagement de garantie donnés à la clientèle.

D'après l'Administration fiscale, les commissions perçues par les banques (les SCM aussi) sur les transferts d'argent sont soumises à la TOB.

Sont exonérées de la TOB :

- les intérêts sur prêts, avances, dépôts en compte correspondants fonctionnant comme tels, engagements par signature ou opérations assimilées, conclus ou réalisés entre banques ou entre banques et établissements financiers installés ou non au Sénégal ;
- les intérêts et commissions sur prêts d'une durée de 5 ans au moins, consentis à des entreprises de production de biens industriels, agricoles, du secteur de la pêche ou du tourisme ;
- les intérêts et commissions sur prêts consentis aux personnes physiques pour la construction et l'acquisition de locaux à usage d'habitation principale, lorsque la valeur hors taxe de l'immeuble ne dépasse pas un montant fixé par arrêté du Ministre chargé des Finances ;
- les intérêts et commissions perçus sur les opérations réalisées dans le cadre du fonctionnement normal des missions diplomatiques et organismes internationaux assimilés ;
- les intérêts et commissions perçus par les banques et établissements financiers sur les opérations réalisées avec des entreprises installées en Zone Franche Industrielle ;
- les opérations réalisées par la BCEAO.

1.2 La liquidation de la TOB

Le fait générateur de la taxe est la date :

- d'encaissement des produits ou
- d'inscription au débit du compte du bénéficiaire des opérations.

L'assiette est constituée du montant brut des produits taxables. Le taux normal de la taxe en vigueur s'élève à 17 %, mais il est réduit à 7 % lorsqu'il s'agit d'opérations finançant les ventes à l'exportation.

La taxe est exigible dans le mois (au plus tard le 15) qui suit le fait générateur.

1.3 La déclaration

L'assiette de la taxe est constituée par le montant brut des intérêts, agios, commissions et autres rémunérations ; la taxe elle-même était exclue de la base d'imposition.

Lorsqu'une rémunération est partagée entre plusieurs banques, chaque établissement est imposé sur la fraction de rémunération qui lui est définitivement acquise.

Le taux de la taxe sur les opérations bancaires est de 17 %. Ce taux est réduit à 7 % pour les intérêts, commissions et frais perçus par les banques et établissements financiers, à l'occasion de toutes les opérations finançant les ventes à l'exportation.

Le chiffre d'affaires est, à notre avis, constitué du total des intérêts encaissés durant le mois, et le montant à reverser est déterminé en appliquant au montant des affaires taxables le taux de la TOB (taux normal ou réduit). Il reste bien entendu que le montant des affaires exonérées est exclu de la base de calcul de la TOB.

Comme dans le cas des banques et établissements financiers, les SCM ne peuvent déduire du montant de la TOB facturée le montant de la TVA supportée sur les achats de biens et services.

SECTION 2
AUTRES DÉCLARATIONS PÉRIODIQUES

Ces déclarations ont fait l'objet d'une description plus détaillée dans la quatrième partie du livre.

2.1 Des déclarations mensuelles ou trimestrielles

Il s'agit des :

- versements de retenues à la source sur les salaires (communément appelés VRS) de chaque mois ;
- versements à la source sur les prestations (communément appelés BRS) de chaque mois ou trimestre ;
- états trimestriels des loyers et sommes versés à des tiers.

2.2 Déclarations annuelles au 31 janvier de chaque année

- l'état récapitulatif annuel des salaires versés ;
- l'état récapitulatif annuel des sommes versées à des tiers, personnes physiques au titre d'honoraires, de commissions, de rémunérations diverses ;
- l'état récapitulatif annuel des loyers payés ;
- la déclaration de la taxe sur les voitures particulières des personnes morales au titre de l'année écoulée ;
- la déclaration annuelle de la patente.

TROISIÈME PARTIE

ASSOCIATIONS AGRÉÉES COMME SFD ET OPÉRATIONS DE CRÉDIT-BAIL

L'article 15 de la loi n° 2008-47 du 3 septembre 2008 relative à la réglementation des Systèmes Financiers Décentralisés au Sénégal prévoit, dans son premier alinéa, que les SFD doivent avoir l'une des formes juridiques suivantes :

- sociétés anonymes,
- sociétés à responsabilité limitée,
- sociétés coopératives ou mutualistes,
- associations.

Dans un autre alinéa de cet article, il est prévu que *« les systèmes financiers décentralisés peuvent exceptionnellement revêtir la forme d'autres personnes morales. Une instruction de la Banque centrale détermine, en cas de besoin, les formes juridiques qui sont concernées par cette dérogation. »*

Toutefois, comme nous l'avons souligné dans l'introduction de la seconde partie de ce livre, les quatre formes juridiques citées ci-dessus peuvent être regroupées en trois catégories d'institutions :

i. les sociétés commerciales (sociétés anonymes et sociétés à responsabilité limitée),

ii. les institutions mutualistes ou coopératives d'épargne et de crédit,

iii. les associations.

Alors que la loi ne donne aucune indication concernant le régime d'imposition des opérations et revenus des associations, nous allons, dans le 1er chapitre de cette troisième partie, tenter de formuler des hypothèses pour combler ce vide juridique.

Dans le deuxième chapitre, nous présenterons les dispositions fiscales relatives aux opérations de crédit-bail dont les schémas de comptabilisation ont été prévus par le cadre conceptuel du nouveau plan comptable des SFD.

CHAPITRE 1

RÉGIME D'IMPOSITION DES ASSOCIATIONS AGRÉÉES COMME SFD

Les associations (ONG, fondations, associations culturelles, d'éducation populaire, sportive, de développement, etc.) jouent aujourd'hui un rôle fondamental dans la société sénégalaise. C'est ainsi que l'État et les collectivités locales ont développé des relations avec ces associations dans le domaine de la santé ou dans celui du développement économique et social.

On pourrait penser que la possibilité qui leur est désormais accordée par la nouvelle loi d'exercer des activités de microfinance au même titre que les IMCEC est justifiée par leur important rôle dans le développement économique et social de nos pays. Cependant, il convient de reconnaître que les nouveaux textes n'ont pas comporté de dispositions consacrées à cette catégorie de SFD.

Pour rappel, des Associations de Services Financiers (ASF) inspirées d'expériences asiatiques existent en Afrique, notamment au Bénin, et offrent des services d'épargne et de crédit.

Ce chapitre, en abordant les aspects ci-après, tente de mettre l'accent sur les difficultés que les associations agréées comme SFD pourraient rencontrer dans leur fonctionnement quotidien :

- généralités sur les associations (section 1),
- le vide juridique (section 2),
- le régime fiscal des revenus et des opérations d'épargne et de crédit réalisés par les associations (section 3),
- autres impôts et taxes dont une association agréée comme SFD est exonérée ou doit supporter (section 4).

SECTION 1
GÉNÉRALITÉS SUR LES ASSOCIATIONS

1.1 Définition de l'association

L'article 1er de la nouvelle loi portant réglementation des SFD définit l'association comme « groupement de personnes qui répond à la définition donnée par la loi nationale y afférente ».

Au Sénégal, les associations sont régies par la loi 68-08 portant Code des obligations civiles et commerciales (articles 811 et suivants).

L'association est définie comme un contrat par lequel deux ou plusieurs personnes conviennent de mettre en commun d'une façon permanente leurs connaissances ou leur activité dans un but autre que le partage des bénéfices.

En vertu des dispositions de l'article 818 du Code, « dès sa constitution, l'association devra être déclarée par dépôt de ses statuts auprès de l'autorité compétente. Les statuts sont déposés en double exemplaire. Il sera donné récépissé de ce dépôt aux déclarants.

Les modifications survenues dans l'administration de l'association et celles qui seraient apportées aux statuts seront publiées dans la même forme ».

1.2 Procédure de création d'une association

Les associations se forment librement sans autre formalité que celle de leur enregistrement par le Ministère de l'Intérieur. Cette procédure est minutieuse et peut donc être relativement longue.

Le dossier de demande de reconnaissance est déposé auprès de l'autorité administrative du ressort du siège de l'association (sous-préfets dans les villages et arrondissements, préfets au niveau des communes). Il doit comprendre les statuts, le procès-verbal de la réunion constitutive, la composition des organes de direction, la liste des membres fondateurs dont sont précisés les prénoms, nom, profession, âge, domicile et nationalité, ainsi qu'un timbre fiscal de 1.000 FCFA sur chaque page des statuts.

L'autorité administrative le transmet, pour enquête, aux services de police compétents (commissariats de police dans les centres urbains, brigades de gendarmerie dans les zones rurales). Cette enquête porte principalement sur la moralité des membres de l'association ainsi que sur les risques éventuels liés à la reconnaissance. Si toutes ces vérifications ne soulèvent aucune réserve, le Préfet ou le Sous - Préfet transmet le dossier avec avis motivé à son supérieur hiérarchique, le Préfet, qui, à son tour, l'achemine chez le Gouverneur de région.

Dans l'hypothèse où les activités de l'association ne s'étendent pas au-delà de sa zone de compétence territoriale, où il ne s'agit pas d'une association religieuse ou étrangère, le Gouverneur de région est tenu de délivrer, sauf rejet dûment motivé, un récépissé de reconnaissance dans le délai maximal de trois mois à compter du dépôt du dossier.

Si l'association a une envergure nationale ou présente le caractère d'une association religieuse ou étrangère, il transmet le dossier à la Direction des Affaires Générales et de l'Administration Territoriale (DAGAT) du Ministère de l'Intérieur, où il fait l'objet des vérifications sur la régularité des statuts au regard des lois ; exemple : l'objet social doit être défini avec précision et concerner une seule activité (avec éventuellement des activités connexes) ; aucune discrimination entre les adhérents fondée sur la race, les opinions politiques (sauf pour les partis politiques) ou la religion (sauf pour les associations religieuses) n'est permise.

Le Directeur des Affaires Générales et de l'Administration Territoriale délivre, ensuite, par délégation du Ministre de l'Intérieur, un récépissé ou une autorisation (cas des associations étrangères).

Le refus de délivrer un récépissé à une association sénégalaise tout comme son retrait doivent être motivés. Ils peuvent faire l'objet d'un recours pour excès de pouvoir devant le Conseil d'Etat.

Une fois leur reconnaissance acquise, les associations doivent se faire immatriculer par les services de la Direction de la Statistique, ce qui les dotera d'un numéro d'identification national.

1.3 Avantages conférés par le Récépissé de déclaration d'association

L'obtention d'un Récépissé de déclaration d'association délivré par le Ministre de l'Intérieur confère à l'association de nombreux avantages. En effet, les dispositions de l'article 819 stipulent que « l'association dont les statuts ont été régulièrement déposés et dont la déclaration a été enregistrée possède la personnalité morale ; elle peut recevoir les cotisations de ses membres et acquérir, à titre onéreux, tous les biens, meubles ou immeubles nécessaires à son fonctionnement ».

Cependant, il est précisé dans ce même article que « l'association ne peut acquérir un bien à titre gratuit que par libéralité d'un de ses membres ». C'est d'ailleurs une des raisons qui poussent les associations à demander, après deux ans d'activités, l'agrément au statut d'ONG.

D'autres avantages sont également attachés à cette reconnaissance juridique :

i. Entité juridique distincte

L'existence d'une association dotée de la personnalité morale est distincte de celle de ses membres. L'association peut en général intenter des actions en son propre nom et faire l'objet de poursuites.

ii. Responsabilité limitée

Les membres d'une association dotée de la personnalité morale ne sont généralement pas responsables des dettes ni des obligations de l'association. Toutefois, les administrateurs peuvent être tenus responsables personnellement dans certaines circonstances.

iii. Existence perpétuelle

L'existence d'une association dotée de la personnalité morale peut se poursuivre indéfiniment. Si les membres changent, le corps constitué continue d'exister jusqu'à ce que l'organisation soit dissoute, conformément aux dispositions de la loi.

iv. Subventions de l'État et des partenaires

Certains démembrements de l'État et des bailleurs de fonds offrent des programmes pour venir en aide aux organisations à but non lucratif. Souvent, ils exigent que les associations bénéficiaires soient dotées de la personnalité morale.

1.4 Association et autres groupements de personnes

La terminologie utilisée par les associations est très variée : cercle, amicale, comité, club, corporation, groupement, ligue, mouvement, etc. Aussi est-il important de distinguer l'association, quelle que soit son appellation, des autres groupements de personnes tels l'ONG, le syndicat, la fondation, la société, le GIE et l'IMCEC.

1.4.1 Association et ONG

Les ONG sont des associations qui sollicitent un agrément du Ministère de la Femme, de la Famille et du Développement social. Elles demeurent régies par le droit applicable aux associations. Elles sont définies comme des « associations régulièrement déclarées, à but non lucratif et ayant pour objet d'apporter leur appui au développement du Sénégal. »

Toute association régulièrement constituée peut, au bout de deux années d'activité, solliciter un tel agrément (qui vaut reconnaissance d'utilité publique). L'agrément est délivré, après avis d'une commission comprenant les ministères techniques concernés et des représentants d'ONG, au vu d'un dossier comprenant les statuts, l'acte de reconnaissance, la liste des membres dirigeants, un mémorandum de présentation et le programme indicatif d'activités.

Il convient de noter que l'agrément peut être retiré sans porter préjudice à l'existence de l'association. Des avantages fiscaux et exonérations douanières peuvent être accordés aux ONG.

Il y a lieu de rappeler que dans l'ancienne loi (n° 95-03 du 5 janvier 1995) portant réglementation des institutions mutualistes ou coopératives d'épargne et de crédit, les ONG pouvaient exercer des activités de microfinance après signature d'une convention cadre avec le Ministère des Finances qui pouvait leur accorder une autorisation de cinq ans renouvelable.

Cette disposition n'étant pas reconduite par la nouvelle loi, elles ne pourront exercer qu'avec leur statut d'association.

1.4.2 Association et syndicat

Un syndicat ne peut se constituer que pour la défense d'intérêts professionnels. Il ne peut donc être fondé qu'entre personnes exerçant ou ayant exercé la même profession, des métiers similaires ou des métiers connexes, concourant à l'établissement de produits déterminés ou la même profession libérale.

1.4.3 Association et fondation

Les fondations sont régies par la loi n°95-11 du 7 avril 1995. La demande d'autorisation est transmise au ministère des Finances, accompagnée du projet de statuts comprenant la dénomination, le siège social, la liste et les coordonnées des fondateurs, la raison sociale des membres fondateurs personnes morales, l'exposé des objectifs, la dotation initiale et une attestation de blocage des fonds libérés par les fondateurs.

Le ministère recueille l'avis du ministre devant assurer la tutelle technique de la fondation de par la nature de ses activités. Il dispose d'un délai d'un mois, renouvelable une fois, pour informer les fondateurs sur le déroulement de l'instruction du dossier ou leur notifier un refus.

Le montant de la dotation initiale ne peut être inférieur à 30 % des sommes nécessaires pour le financement des activités de la fondation et doit être apportée en numéraire ou en nature (bien meuble ou immeuble). Les sommes versées doivent faire l'objet d'un dépôt en banques au Sénégal jusqu'à ce que la fondation dispose de la capacité juridique.

Un décret autorise la fondation et lui accorde la reconnaissance d'utilité publique.

Même si toutes les deux peuvent permettre de réaliser une œuvre d'intérêt général à but non lucratif, il faut rappeler que l'association est un groupement de personnes, alors que la fondation résulte de l'affectation irrévocable de biens, droits ou ressources à la réalisation d'une telle œuvre.

1.4.4 Association et société

La société est constituée pour partager le bénéfice ou profiter de l'économie pouvant résulter de l'entreprise commune.

En conséquence, un groupement :

- ayant pour but de partager les bénéfices résultant de l'action commune doit revêtir la forme d'une société ;
- à but désintéressé, ne recherchant aucun avantage patrimonial, doit être constitué sous forme d'association ;
- ayant pour but de permettre à ses membres de réaliser une économie, c'est-à-dire de minorer une charge, peut être indifféremment une société ou une association.

Mais dans ce dernier cas, la société sera souvent préférable à l'association pour les raisons suivantes :

- d'une part, la société a la pleine capacité juridique alors que celle de l'association est limitée ;

- d'autre part, en cas de dissolution, les membres de l'association ne peuvent reprendre que leurs éventuels apports, s'ils y sont autorisés ; ils n'ont aucun droit sur l'actif restant alors que les membres d'une société peuvent se le partager (boni de liquidation).

1.4.5 Association et GIE

Le but du groupement d'intérêt économique est de faciliter ou de développer l'activité économique de ses membres, d'améliorer ou d'accroître les résultats de cette activité. Il n'est pas de réaliser des bénéfices pour lui-même.

Son activité doit se rattacher à l'activité économique de ses membres et ne peut avoir qu'un caractère auxiliaire par rapport à celle-ci.

Le GIE présente, par rapport à l'association, le très grave inconvénient de rendre ses membres indéfiniment et solidairement responsables des dettes du groupement.

1.4.6 Association et IMCEC

Se reporter à la section 1, chapitre 1, première partie du livre.

SECTION 2
LE VIDE JURIDIQUE

La loi n° 2008-47 du 3 septembre 2008 relative à la réglementation des systèmes financiers décentralisés comporte, au total, huit titres traitant divers aspects des institutions de microfinance :

- le titre I procède de la définition de plusieurs notions, dont celle de système financier décentralisé ;

- le titre II est consacré à la délimitation du champ d'application de la nouvelle réglementation, aux opérations financières des SFD et aux dispositions relatives à l'agrément ;

- le titre III est relatif aux dispositions communes aux SFD en termes d'organisation, de fonctionnement, de surveillance, de sanctions et de protection des déposants ;
- le titre IV porte sur les infractions et sanctions applicables aux SFD ;
- le titre V maintient les dispositions antérieures relatives aux IMCEC ;
- le titre VI prévoit des dispositions spécifiques aux autres systèmes financiers décentralisés ;
- le titre VII aborde le volet consacré aux procédures collectives d'apurement du passif ;
- le titre VIII énonce les dispositions finales et transitoires.

Comme on le constate, aucun titre n'a été réservé exclusivement aux associations et, dans tout le texte de la loi, le mot n'a été mentionné que deux fois :

- article 1er pour la définition,
- article 15 pour mentionner que les SFD peuvent être constitués sous cette forme juridique.

Le décret d'application n° 2008 - 1366 du 28 novembre 2008 ne mentionne nulle part le mot association.

Ainsi, cette omission ou ce silence de la loi sur les associations pourrait créer des situations difficiles relativement :

- à la continuation des activités des associations existantes avant l'avènement des nouveaux textes de la règlementation,
- au traitement des nouvelles demandes d'autorisation d'exercer déposées par des associations,
- à leur fonctionnement,

- au régime fiscal des opérations d'épargne et de crédit effectuées,

- au régime d'imposition des bénéfices annuels,

- aux procédures à suivre en cas cessation d'activités,

- etc.

La loi ne l'ayant pas prévu, peut-on résoudre ces problèmes juridiques par instructions ultérieures de la BCEAO ?

Faudrait-il procéder à l'amendement de la loi n° 2008-47 du 3 septembre 2008, alors que dans de nombreux pays de l'UEMOA, elle n'est pas encore adoptée par le Parlement ou mise en application ?

Certes, le titre VI est consacré aux règles spécifiques aux systèmes financiers décentralisés non constitués sous forme de coopérative ou mutualiste d'épargne et de crédit (dont en principe les associations), mais il ne prévoit pas de dispositions pouvant prendre en charge les questions soulevées ci-dessus. D'ailleurs, ce titre ne comporte que quatre articles dont deux (cf. art. 122 et 125) sont exclusifs aux systèmes financiers décentralisés constitués sous forme de société. Les deux autres n'abordent que :

- le respect de la norme de capitalisation à fixer par instruction de la Banque centrale (art. 123),
- et l'obligation de constituer une réserve générale dont les modalités de prélèvement seront fixées par instruction de la Banque centrale (art. 124).

SECTION 3
LE RÉGIME FISCAL DES REVENUS ET DES OPÉRATIONS D'ÉPARGNE ET DE CRÉDIT RÉALISÉS PAR LES ASSOCIATIONS

3.1 L'imposition des revenus d'une association

En vertu des dispositions de l'article 5 du CGI, les associations ou organismes **sans but lucratif** sont exonérés de l'impôt sur les sociétés.

Ainsi, les associations agréées comme SFD ne sont pas soumises à l'impôt sur le revenu annuel, mais à la condition que le bénéfice réalisé ne soit pas distribué aux membres de l'association. Les bénéfices devront donc être réinvestis dans l'exploitation.

Il en est de même pour les revenus générés par des biens immobiliers qui figurent à l'actif du bilan du SFD, ainsi que pour les produits divers, dans la mesure où ils sont inclus dans le résultat comptable global de l'institution.

Contrairement aux SCM, elles ne sont pas tenues, en l'état actuel de la législation fiscale, de déposer leurs états financiers annuels auprès de l'Administration fiscale.

Cependant, elles sont soumises aux différentes obligations fiscales étudiées à la quatrième partie de ce livre.

3.2 Le régime fiscal des opérations d'épargne et de crédit réalisés par une association agréée comme SFD

Il s'agit d'étudier le régime fiscal des opérations d'épargne et de crédit effectuées par des associations agréées comme SFD.

3.2.1 Opérations relatives à la collecte de l'épargne

Les dispositions de l'article 60 du CGI stipulent que «sont exonérés de l'impôt sur le revenu les intérêts des sommes inscrites sur les livrets d'épargne des personnes physiques à condition qu'ils soient servis par une banque, un établissement financier ou une caisse d'épargne situés au Sénégal ».

En conséquence, les clients, personnes physiques des associations agréées comme SFD entrent dans le champ d'application de cet article puisque l'agrément leur donne le statut de caisse d'épargne.

Par ailleurs, ne relevant aucune raison qui les exclut du bénéfice des incitations fiscales accordées aux IMCEC (cf. art. 118 de la loi 2008 - 47), les associations doivent être considérées comme exonérées :

- de la retenue à la source sur les revenus des créances, dépôts et cautionnements,
- du droit de timbre sur les quittances de versement d'espèces (par exemple : constitution d'épargne libre, apport personnel dans le cadre d'un prêt).

3.2.2 Opérations relatives à la distribution de crédit

Les avantages prévus par les articles 118 et 119 de la loi n° 2008 - 47 sont stipulés réservés exclusivement aux IMCEC et à leurs membres. Les associations agréées comme SFD n'ont pas été citées expressément parmi les bénéficiaires de ces incitations fiscales. On pourrait supposer qu'il s'agit simplement d'une omission involontaire du législateur, car les associations comme les IMCEC étant des organismes à but non lucratif, une discrimination ne pouvait être faite entre ces deux catégories de SFD.

Autrement dit, elles doivent bénéficier des mêmes avantages et être soumises aux mêmes obligations. En conséquence, les opérations de crédit réalisées par les associations agréées sont exonérées :

- de la taxe sur le chiffre d'affaires ou la TOB,
- du droit de timbre sur versement d'espèces (par exemple : remboursement de crédit).

Nous prions le lecteur de se référer au premier chapitre de la première partie du livre pour plus de détail sur ces droits et taxes.

3.2.3 Les membres ou clients des associations

Dans le cas des IMCEC, les clients sont en même temps membres ou sociétaires de la mutuelle alors que dans le cas des sociétés commerciales, les services de l'institution sont vendus à des clients qui n'ont pas la qualité d'associés.

Pour le cas des associations, cet aspect n'a pas été abordé. Les personnes qui viennent solliciter (acheter) les services financiers offerts (vendus) par l'association ont – ils la qualité de membres ou sociétaires (comme dans le cas des IMCEC) ou de simples clients (comme dans le cas des SCM) ou bénéficiaires ?

Mais dans tous les cas, même si les dispositions de l'article 119 ne sont applicables qu'aux membres des IMCEC, les membres ou clients des associations agréées, personnes physiques bénéficieront des mêmes avantages en vertu de l'article 60 du CGI précité (cf. § 3.2 ci-dessus ou chapitre 1 de la 2ème partie du livre, 1ère section).

SECTION 4
AUTRES IMPÔTS ET TAXES DONT UNE ASSOCIATION AGRÉÉE COMME SFD EST EXONÉRÉE OU QU'ELLE DOIT SUPPORTER

En plus de l'impôt sur le revenu annuel, des droits et taxes afférents aux opérations d'épargne et de crédit, il existe d'autres droits, impôts et taxes qu'il y a lieu d'examiner si les associations agréées comme SFD en sont exonérées ou non.

4.1 Autres impôts et taxes exonérés

Les associations agréées sont exonérées des droits et taxes suivants :

- la TOB sur les opérations effectuées avec les banques,
- le droit d'enregistrement des actes,
- la patente.

Les fondements de ces exonérations ont été présentés dans le chapitre 1 de la première partie du livre (cf. section 5).

4.2 Autres impôts et taxes à supporter

Sauf disposition expresse ultérieure de la loi, les SFD de toutes les catégories doivent, en l'état actuel de la législation fiscale en vigueur au Sénégal, s'acquitter des impôts et taxes suivants :

- les impôts et taxes sur salaires ainsi que la retenue de 5 % sur les sommes versées aux tiers,
- la TVA et les droits de douane sur les achats de biens et services,
- autres taxes : la contribution foncière sur les propriétés bâties et non bâties.

CHAPITRE 2

TRAITEMENT FISCAL DES OPÉRATIONS DE CRÉDIT-BAIL RÉALISÉES PAR LES SFD

Le crédit-bail comme mode de financement des équipements professionnels est devenu courant dans les entreprises sénégalaises. C'est une activité lucrative que des SFD d'une certaine taille veulent adopter afin de diversifier leur gamme de produits financiers offerts à la clientèle.

Dans ce livre, nous nous intéressons essentiellement au cas de figure où le SFD est considéré comme crédit-bailleur.

Ainsi, après avoir défini le contrat de crédit-bail et présenté le cadre réglementaire (section 1), nous décrirons les différentes étapes du montage d'un dossier de crédit-bail (section 2) et nous examinerons les aspects fiscaux des opérations de crédit-bail (section 3).

SECTION 1
DÉFINITION ET CADRE RÉGLEMENTAIRE DU CRÉDIT-BAIL

1.1 Définition du contrat de crédit-bail

Le crédit-bail, ou « leasing », est une convention par laquelle une entreprise donne en location des biens d'équipement, de l'outillage, ou des biens immobiliers à un preneur qui, à un moment quelconque du contrat, mais le plus souvent à l' échéance, peut décider de devenir propriétaire du ou des biens qui en ont été l'objet.

Le contrat contient donc de la part du bailleur une promesse unilatérale de vente dont la réalisation reste subordonnée au paiement du prix fixé à l'avance, augmenté des intérêts et des frais.

En cas de cession de biens compris dans une opération de crédit-bail, le cessionnaire est tenu des mêmes obligations que le cédant qui reste garant de l'exécution du contrat.

L'établissement financier qui est souvent désigné sous les vocables « bailleur », « crédit-bailleur » ou « propriétaire-bailleur » acquiert le matériel auprès d'une tierce personne appelée fournisseur. Cependant, le bien à financer est choisi librement par le locataire, appelé aussi le preneur ou client de la banque.

1.2 Bénéficiaires et biens concernés

Le crédit-bail est un mode de financement réservé aux seules entreprises (sociétés, entreprises individuelles, artisans, etc.).

La loi fiscale issue de la réforme du 6 février 2004 autorise à la fois le crédit-bail mobilier et le crédit-bail immobilier. Alors que ce dernier porte sur la location d'un immeuble, le premier est relatif aux biens d'équipement, à l'outillage ou au matériel de transport.

Le contrat porte principalement sur les biens nécessaires à l'activité. En outre, les biens doivent avoir les caractéristiques suivantes :

- ils constituent un ensemble homogène ;
- ils doivent être facilement identifiables ;

- ils doivent être démontables, déplaçables et « remontables » ;

- ils doivent trouver un marché secondaire (marché des biens d'occasion).

En effet, il n'y a pas de financement du matériel d'occasion sauf :

- lors de la reprise d'un contrat en cours par un locataire ;
- à titre exceptionnel, sur du matériel expertisé et entièrement reconditionné.

1.3 Termes essentiels du contrat de crédit-bail

Il s'agit :

- de la durée du contrat qui est toujours fixe et irrévocable ;
- du paiement régulier de loyer avec des échéances ou traites payables d'avance mais pouvant tenir compte de la saisonnalité de l'activité du locataire ;
- de la promesse irrévocable de vendre les biens au locataire à la fin de la période de location à un prix égal à la valeur résiduelle du bien ; ce prix est fixé à la signature du contrat ;
- de la durée de l'amortissement fiscal égale à la durée du contrat ;
- de la maintenance du matériel assurée par le locataire ;
- de l'assurance du matériel imposée au locataire.

Alors que la facture du fournisseur est libellée au nom du bailleur avec mention des taxes, les frais d'emballage, de transport et de montage sont facturés, sauf convention particulière dans le bon de commande, directement au preneur.

1.4 Cadre réglementaire

L'article 4 de la loi n° 2008 – 47 définit les opérations que peuvent réaliser les SFD. En effet, en vertu des dispositions de cet article, les seules opérations qu'ils peuvent réaliser sont les trois suivantes :

- la collecte de dépôts,
- les opérations de prêts,
- les opérations d'engagement par signature.

Une opération d'engagement par signature est définie par tout acte par lequel un SFD prend, dans l'intérêt d'un membre ou d'un client, un aval, une caution ou une autre garantie.

Comme on le voit, les SFD ne peuvent donc pas effectuer des opérations de crédit-bail sans demander une autorisation prévue par l'article 6 de la loi n° 2008-47 : « les systèmes financiers décentralisés qui envisagent d'exercer des activités ou professions régies par des dispositions spécifiques doivent solliciter les autorisations requises et se soumettre aux réglementations applicables aux opérations envisagées, sous réserve des dispositions contraires de la présente loi. »

Par ailleurs, il faut rappeler que le nouveau référentiel comptable spécifique aux SFD a prévu des comptes pour l'enregistrement des opérations de :

- crédit-bail et de location avec option d'achat (compte 46) ;
- location vente (compte 47).

Il est nécessaire de préciser que le fait que leur comptabilisation soit traitée par le référentiel comptable ne signifie pas que les SFD peuvent réaliser des opérations de crédit-bail. Le plan comptable a simplement pour vocation de proposer une codification et des schémas d'écritures pour toute opération financière pouvant être effectuée par un SFD.

SECTION 2
ÉTAPES DU MONTAGE D'UN DOSSIER DE CRÉDIT-BAIL

Comme tout crédit octroyé par un SFD, le dossier de financement par crédit-bail suit plusieurs étapes jusqu'à son bouclage. Nous en distinguons les étapes principales suivantes :

1. Réception du dossier,
2. Instruction et étude du dossier,
3. Décision du comité de crédit,
4. Préparation des documents,
5. Passation effective de la commande,
6. Déclenchement du financement,
7. Règlement du fournisseur,
8. Dispatching des documents.

2.1 Réception du dossier

Le client du SFD, après avoir choisi le matériel chez le fournisseur qui lui établit une facture pro forma faisant ressortir le prix HTVA et le montant de la TVA, formule une demande de crédit-bail à laquelle il joint tous les documents nécessaires (états financiers, marchés en cours, étude financière, etc.). Cette demande est déposée directement auprès du SFD.

2.2 Instruction et étude du dossier

L'Agent de crédit vérifie les informations contenues dans le dossier, notamment les informations commerciales, financières et celles portant sur l'investissement à financer.

Il procède à une analyse du risque, de la structure financière du client, de la nature des garanties apportées et s'informe sur la moralité des mandataires.

En fonction de la nature du risque, le SFD peut être amené à demander une des garanties suivantes :

- une délégation de créance ;
- une garantie hypothécaire ;
- un nantissement de fonds de commerce ;
- un ou plusieurs aval (s) ;
- la caution d'une ou de plusieurs personnes gérant ou actionnaire principal de la société cliente.

À la suite de cette étude, il établit la fiche du Comité de crédit qui comporte ses recommandations et leurs justifications et transmet le dossier au Directeur de l'institution.

2.3 Décision du comité de crédit

Il se réunit suivant les procédures définies en matière de crédit et examine chaque dossier de demande de crédit avant de donner ses décisions consignées dans un PV transmis au Directeur pour exécution.

2.4 Préparation des documents

Les documents suivants peuvent être préparés :

- la fiche de renseignements,
- le bon de commande au fournisseur,
- le PV de prise en charge,
- le contrat de crédit-bail,
- la facture des frais de dossier,
- l'échéancier des loyers,
- l'attestation d'assurance du matériel,
- l'engagement de caution,
- la plaque de propriété,
- etc.

L'Agent de crédit fait signer au locataire tous les documents qui doivent l'être et remplit correctement tous les documents.

2.5 Passation effective de la commande

L'Agent de crédit fait payer au locataire les frais de dossiers tels que fixés par le manuel des politiques et procédures de crédit du SFD, le premier loyer et le dépôt de garantie, s'il y a lieu.

L'Agent de crédit adresse au fournisseur un bon de commande et en donne un exemplaire au locataire.

2.6 Déclenchement du financement

Le fournisseur appose sur le matériel la plaque de propriété du SFD ; s'il s'agit d'un véhicule, il fait procéder à son immatriculation au nom du SFD suivi du nom du locataire, en prenant un gage au profit de l'institution.

Il signe, fait signer au locataire, les exemplaires du PV de prise en charge, et livre le matériel. Cette date de signature du PV de prise en charge détermine la date du premier loyer et celle de règlement du fournisseur.

Le fournisseur adresse au SFD :

- la facture définitive du matériel,
- un exemplaire du PV de prise en charge.

Après réception de ces documents, le SFD adresse au locataire la facture du premier loyer.

2.7 Règlement du fournisseur

Après signature du PV de prise en charge et la livraison du matériel, le SFD procède au règlement du fournisseur.

2.8 Dispatching et classement des documents

Les documents sont dispatchés dans les différents services du SFD ainsi qu'aux destinations extérieures par l'Agent de crédit. Après enregistrement par les services compétents de l'Administration fiscale du contrat, l'agent procède au classement du dossier.

SECTION 3
ASPECTS FISCAUX DES OPÉRATIONS DU CRÉDIT-BAIL

La question fiscale des opérations de crédit-bail sera traitée dans les deux cas de figure possibles : dans le premier cas, le SFD est un preneur, et dans le second, il est considéré comme crédit-bailleur.

3.1 Le SFD est un preneur

Dans ce cas de figure, le SFD est loueur d'un bien et paie un loyer. Le nouveau référentiel comptable spécifique aux SFD préconise la comptabilisation de la totalité des loyers versés au bailleur au débit du compte 6211 « Redevances de crédit-bail ».

Il faut noter que le nouveau plan comptable n'a pas prévu l'immobilisation du bien pris en crédit-bail et le retraitement de la redevance annuelle entre l'amortissement financier de l'emprunt (remboursement du capital initial) et les intérêts financiers (charge), alors que les dispositions du CGI stipulent que « les biens d'équipement dont l'amortissement est prévu au 6ème alinéa de l'article 8 s'entendent de ceux acquis par l'entreprise, ainsi que de ceux loués par celle-ci dans le cadre d'un contrat de crédit-bail et inscrits à l'actif du bilan ».

3.2 Le SFD est un propriétaire-bailleur

Le SFD est propriétaire d'un bien qui figure parmi ses immobilisations (compte 461 « Crédit-bail »), amorti suivant les règles en vigueur, et encaisse un loyer (compte 70461 « produits sur crédit-bail ») qui rémunère son investissement et ses risques.

Dans ce cas d'espèce, il convient d'examiner les incidences fiscales des opérations traitées au regard de la TVA et de l'IS.

3.2.1 TVA

Les produits et profits sur valeurs immobilisées sont placés hors du champ d'application de la TOB pour être assujettis à la TVA. Ils comprennent :

- les produits sur opérations de crédit-bail et de location avec option d'achat,
- les produits et profits sur location simple.

Les redevances étant taxables à la TVA, les intérêts sur crédit-bail ne sont pas soumis à la TOB.

À notre avis, même si les IMCEC et les associations agréées ont obtenu l'autorisation d'effectuer des opérations de crédit-bail, elles ne sont pas exonérées de la TVA sur ces opérations. En effet, la notion de distribution du crédit visée par les dispositions de l'article 118 de la loi 2008-47 du 3 septembre 2008 exclut tout prêt mobilier ou immobilier.

La définition de cette notion est donnée par l'article 4 de la nouvelle loi : « Est considérée comme une opération de prêts, tout acte par lequel un système financier décentralisé met, à titre onéreux, des fonds à la disposition d'un membre ou d'un client, à charge pour ce dernier de les rembourser à l'échéance convenue ».

En définitive, les SFD, quelle que soit la catégorie, en réalisant des opérations de crédit-bail, sont tenus de collecter la TVA et de la reverser au Trésor public, après avoir déduit la TVA facturée par les fournisseurs des biens et services utilisés dans le cadre de ces activités de location.

3.2.2 Impôt sur les sociétés

En vertu des dispositions de l'article 8 du CGI, les amortissements relatifs aux biens donnés en crédit-bail ne sont pas admis en déduction des bénéfices soumis à l'impôt chez le crédit-bailleur.

Le SFD devra alors procéder, de façon extracomptable (sur le tableau de détermination du résultat fiscal), d'une part, à la réintégration des amortissements pratiqués conformément au plan comptable des SFD et, d'autre part, à la déduction des amortissements financiers. En effet, seul l'amortissement financier (ou remboursement d'emprunt) correspondant à la différence entre la redevance et les intérêts est à déduire.

Toutefois, il faut préciser que les IMCEC et les associations agréées qui sont exonérées de l'IS ne sont pas concernées par ces retraitements.

3.3 Avantages et inconvénients fiscaux du crédit-bail

L'étude présentée ci-dessus ne révèle pas d'avantages fiscaux particuliers. En effet, le crédit-bail ne bénéficie pas, au Sénégal, d'un régime fiscal qui lui est spécifique, ce qui justifie en partie qu'il ne suscite pas un engouement fort des SFD sénégalais. Des études comparatives montrent que le crédit-bail est plus utilisé, par exemple, en Mauritanie qu'au Sénégal.

Contrairement à d'autres pays comme le Maroc, le crédit-bailleur ne bénéficie d'aucun avantage :

- les amortissements fiscaux ne sont pas des charges déductibles de l'IS ;
- la TVA en amont et en aval n'est pas exonérée ;
- les contrats de crédit-bail ou de location simple ne sont pas exonérés des droits d'enregistrement.

Seul le preneur peut déduire l'intégralité des loyers payés.

QUATRIÈME PARTIE

IMPOSITION DES SALAIRES ET DES RÉMUNÉRATIONS VERSÉES AUX PRESTATAIRES DE SERVICES, PERSONNES PHYSIQUES

Toutes les catégories de SFD (associations, sociétés commerciales et institutions mutualistes ou coopératives d'épargne et de crédit) sont soumises aux différentes obligations fiscales étudiées dans cette partie.

CHAPITRE 1

IMPOSITION DES SALAIRES

SECTION 1
CHAMPS D'APPLICATION

Sont imposables à l'impôt sur le revenu (IR) des personnes physiques les traitements publics et privés, soldes, indemnités et primes de toute nature, émoluments, salaires et avantages en argent ou en nature.

Sont également imposables à cet impôt les pensions et rentes viagères. Toutefois, il est fait application d'un abattement égal au tiers des pensions et rentes viagères, sans être inférieur à 1 800 000 francs.

SECTION 2
DOMICILE FISCAL
ET REVENUS DE SOURCE SÉNÉGALAISE

Les traitements et salaires sont imposables :

- lorsque le bénéficiaire est domicilié au Sénégal alors même que l'activité rémunérée s'exercerait hors du Sénégal et que l'employeur serait domicilié ou établi hors du Sénégal ;

• lorsque le bénéficiaire est domicilié hors du Sénégal, à la condition que l'employeur ou que l'activité rétribuée s'y exerce.

C'est le deuxième alinéa qui oblige les SFD à opérer des retenues à la source sur les salaires qu'ils versent à leurs employés.

SECTION 3
LES PRIMES ET INDEMNITÉS EXEMPTÉES OU IMPOSABLES

3.1 Les exemptions énumérées par le CGI

L'article 100 du Code général des impôts a énuméré une série d'indemnités et allocations affranchies de l'IR. Nous citons, ci-après, certaines d'entre elles, qui intéressent les contribuables du secteur privé, dont les SFD :

1. Les allocations familiales : allocations d'assistance à la famille, majoration de solde, indemnités ou pensions attribuées en considération de la situation ou des charges familiales ;
2. Les indemnités légales de départ à la retraire, les indemnités de licenciement, les indemnités de décès, les indemnités versées à la suite d'un départ négocié consécutif à un plan social ou à la restructuration de l'entreprise considérée (licenciement pour motif économique).

Pour les indemnités de licenciement et de départ à la retraite, la doctrine administrative considère et n'accepte en franchise d'impôt que les indemnités calculées dans les limites ci-dessous :

i. *Indemnités de licenciement*
(Cf. article 30 de la Convention Collective Nationale Interprofessionnelle) :

- *25 % du salaire moyen mensuel des 12 derniers mois pour les 5 premières années,*
- *30 % pour les 5 années suivantes,*
- *40 % pour la période s'étendant au-delà de la dixième année ;*

ii. *Indemnités pour départ à la retraite*

(Cf. article 31 de la Convention Collective Nationale Interprofessionnelle) :

En ce qui concerne les indemnités pour départ à la retraite, l'article 31 de la Convention Collective Nationale Interprofessionnelle dispose que cette indemnité est calculée sur les mêmes bases et suivant les mêmes règles que l'indemnité de licenciement.

iii. *Les sommes supplémentaires payées au titre des départs négociés*

Les impôts dus sur les indemnités supplémentaires dites « bénévoles » versées aux employés dans le cadre des « départs négociés » sont payables selon une formule d'étalement établie par décision du Ministre des Finances du 12 janvier 1988 comme suit :

- *conversion de l'indemnité supplémentaire en nombre de mois ;*
- *calcul et paiement de l'impôt de chaque mois.*

3. Les indemnités et allocations spéciales destinées à assurer le remboursement de frais inhérents à la fonction ou à l'emploi effectivement utilisés, conformément à l'objet, sous réserves de justifications comptables.

Les remboursements de frais (engagés par le salarié mais devant être supportés par l'employeur), s'ils sont effectués au franc le franc et avec pièces justificatives suffisantes, ne sont pas imposables. Dans la pratique, ils se font le plus souvent hors bulletin de salaire (directement en espèces ou par chèque).

L'indemnité de représentation pour frais d'emploi est réservée aux personnes ayant la qualité de dirigeants dans les sociétés anonymes ou à responsabilité limitée :

le Président du conseil d'administration, le Président-directeur général, le Directeur général, le Directeur général adjoint, l'Administrateur général et le Gérant.

Ces montants versés aux dirigeants et cadres des sociétés ayant opté pour la déduction des frais forfaitaires et admis en déduction sous justificatifs sont fixés à :

- 400 000 F CFA par an si le CA < 2 milliards,
- 800 000 F CFA par an si le CA ≥ 2 milliards.

4. Les indemnités destinées à assurer le remboursement des frais forfaitaires dans les limites fixées par arrêté ministériel ou dans les limites convenues entre l'Etat, le patronat et les syndicats des travailleurs. Il s'agit de :

i. l'indemnité de transport fixée actuellement à 16.500 FCFA par mois pour les travailleurs habitant à plus de 3 km du lieu de travail ;

ii. l'indemnité kilométrique versée aux employés utilisant leur véhicule personnel dans le cadre du travail : elle s'élève à 50.000 FCFA par mois (elle peut s'élever à 100.000 FCFA pour les agents commerciaux pouvant justifier avoir parcouru 500 km / semaine) ;

iii. la prime de panier fixée conformément aux dispositions du Code du Travail est également exonérée d'impôt. En sont bénéficiaires les employés de bureau, les ouvriers et les agents de maîtrise, dans les conditions fixées par le Code du Travail. Dans le cas contraire, elle n'est pas exonérée de l'IR.

5. Les abondements ou les versements complémentaires de l'entreprise, dans la limite des montants admis en déduction, conformément à l'article 8, alinéa 1 du CGI, à l'occasion de l'émission et de l'achat de parts de fonds commun de placement d'entreprise, à la condition que ledit fonds soit établi au Sénégal (loi n° 2004-12 du 06.02.04) ;

Les abondements constituent un supplément de rémunération imposable accordé au salarié par l'entreprise pour lui permettre, en sus de ses versements volontaires, de se constituer un portefeuille de valeurs mobilières.

Cette exonération est toutefois soumise à deux conditions : le fonds commun de placement d'entreprise doit nécessairement être établi au Sénégal et le montant de l'abondement ne doit pas dépasser la limite admise par arrêté du ministre chargé des Finances.

Elle répond notamment au souci d'encourager la promotion de l'épargne.

3.2 Primes et indemnités imposables

En dehors des trois cas cités au 4°), toutes les autres indemnités ou primes à caractère de salaire versées aux employés et cadres sont imposables, quel que soit leur caractère : exceptionnel, facultatif ou variable.

Sont ainsi imposables les primes et indemnités suivantes :

- salaire de base ;
- sursalaire ;
- heures supplémentaires ;
- primes d'ancienneté ;
- primes de rendement ;
- gratifications ;
- indemnité de fonction ;
- indemnité de responsabilité ;
- congés payés ;
- avances sur salaires ;
- indemnité de fin de contrat ;
- indemnité de logement ;
- indemnité de résidence et d'expatrié ;
- indemnité compensatrice du préavis ;
- indemnité compensatrice de congés ;
- indemnité de cherté de vie ;

- prime de tenue ;
- compléments divers ;
- primes diverses (caisse, performance, spéciale, etc.).

3.3 Autres avantages à caractère spécifique

Nous examinons successivement les frais de mission, les prêts accordés au personnel à un taux préférentiel ou bonifié, les frais de restauration et d'assurance santé complémentaire supportés pour le compte du personnel.

3.3.1 Les frais de mission

L'Administration fiscale admet l'exonération des indemnités de déplacement dans la limite des montants fixés par l'article 61 de la Convention Collective Nationale Interprofessionnelle du 21 mai 1982. Cependant, ledit article indique seulement que le forfait doit être fixé d'accord partie et en rapport avec l'importance des fonctions de l'intéressé (employés, agents de maîtrise, cadres supérieurs, dirigeants, etc.).

Dans la pratique, les institutions de microfinance, à l'image des ONG, ont des procédures qui définissent des taux forfaitaires pour les per diem et autres frais de mission applicables à tout le personnel. En général, les agents retournent de mission avec les justificatifs nécessaires des sommes qui leur avaient été avancées : factures d'hôtel, de carburant, de location de véhicules, etc. Seule la partie relative à la nourriture n'est pas justifiée.

3.3.2 Prêts à taux préférentiel ou bonifié accordés au personnel

Les intérêts non réclamés sur des prêts au personnel ou facturés à des taux en deçà de ceux habituellement pratiqués par le SFD ainsi que la bonification des taux d'intérêt s'analysent, au regard des retenues à la source, comme des avantages en argent imposables entre les mains des bénéficiaires et au regard de l'Impôt sur les sociétés (IS) comme une renonciation à des recettes réintégrables dans la base imposable.

3.3.3 Les frais de restauration et d'assurances de santé ou de retraite complémentaires

Il arrive à certains SFD de subventionner le repas principal du personnel (déjeuner) en jours ouvrés.

La part prise en charge par l'institution s'analyse comme un complément de salaire et doit, à ce titre, être soumise aux retenues à la source sur les salaires.

Cependant, devant l'incidence faible de la subvention sur le montant des retenues fiscales sur les salaires et la difficulté qu'elle aura à déterminer la part revenant à chaque bénéficiaire, l'Administration fiscale a tendance, lors des vérifications de comptabilité des contribuables, à rejeter de plus en plus la déduction de celle-ci de l'assiette de calcul de l'impôt sur les sociétés.

La même démarche est adoptée par l'Administration fiscale dans le cas de l'assurance de santé complémentaire à la couverture des frais médicaux souscrite et versée par une institution pour le compte de son personnel. Il en est de même pour l'assurance retraite complémentaire.

SECTION 4
DÉTERMINATION DE LA BASE IMPOSABLE

L'impôt porte chaque année sur les traitements et salaires payés aux bénéficiaires au cours de l'année même. La base en est déterminée par le total des traitements et indemnités, y compris les avantages en nature préalablement évalués, conformément à l'arrêté n° 002888 du 6 mai 2003 entré en vigueur au 01/01/2004.

Base imposable = (salaire de base + primes + indemnités + avantages en nature) – indemnités exemptées – abattements.

4.1 L'ÉVALUATION DES AVANTAGES EN NATURE

L'évaluation mensuelle des avantages en nature compris dans la base de l'impôt sur le revenu en application des dispositions du Code général des impôts est faite de la manière suivante :

- Logement par pièce principale d'habitation :
  Région DKR 30 000 FCFA
  Autres chefs-lieux de région 18 000 FCFA
  Autres localités 12 000 FCFA
- Domesticité :
  gardien 20 000 FCFA
  cuisinier 30 000 FCFA
  autres gens de maison : 25 000 FCFA
- eau **:** 10 000 FCFA
- électricité : (par pièce principale) : 10 000 FCFA
- nourriture **:** valeur réelle
- téléphone **:** 30 000 FCFA
- véhicule de fonction **:**
  puissance ≤ à 11 Cv 20 000
  puissance > à 11 Cv 60 000

N.B. Les retenues effectivement opérées par l'employeur en contrepartie d'avantages en nature sont déduites de l'évaluation forfaitaire indiquée ci-dessus. La base d'imposition est obtenue en ajoutant cette différence au salaire brut.

Toutes indemnités en argent représentatives d'avantages en nature doivent être intégralement comprises dans la base d'imposition, la présente évaluation ne pouvant être retenue dans ce cas.

4.2 Détermination du nombre de parts

4.2.1 Modifications apportées par la loi n° 2008-01 du 8 janvier 2008

Jusqu'en décembre 2007, seul l'époux disposant de revenus et exerçant la puissance paternelle peut bénéficier du nombre de parts alloué en fonction des charges de famille, que la cotisation du foyer fiscal soit calculée dans le cadre d'une déclaration commune ou par voie d'imposition séparée du mari ou de la femme. De la sorte, l'application de cette règle s'était révélée défavorable à la femme mariée qui ne peut avoir à charge que les enfants dont elle a obtenu la garde par décision de justice.

Pour combattre cette injustice fiscale, les associations féminines ont mené une longue lutte qui a conduit le législateur sénégalais à revoir le système d'imposition dans le sens d'une meilleure considération du rôle économique de l'épouse disposant de revenus dont la contribution aux charges de ménages est, aujourd'hui, un fait social qui ne peut être occulté.

Ainsi, par la loi n° 2008-01 du 8 janvier 2008, des modifications visant à instaurer dans le ménage une parfaite égalité fiscale ont été apportées à certaines dispositions du Code général des impôts :

- l'égalité entre le mari et l'épouse dans le calcul du quotient familial ;
- la suppression de l'imposition commune ;
- la reconnaissance de l'autonomie fiscale de la femme mariée.

a. *L'instauration d'une égalité entre le mari et l'épouse dans le calcul du quotient familial*

L'ancienne règle qui réservait au mari le bénéfice du nombre de parts pour le calcul du quotient familial a été réformée. Désormais, il est octroyé une demi-part par enfant à charge au profit de chacun des parents disposant de revenus.

Même en cas de divorce ou de séparation de corps, le nombre de parts par enfant à charge est maintenu, au profit des conjoints. Toutefois, celui des deux parents qui serait tenu au versement d'une pension alimentaire ne pourra cumuler, en cas de déclaration annuelle de revenus, la déduction de cette charge avec le maintien du nombre parts calculé à raison des enfants à charge. Dans ce cas de figure, le contribuable devra, dès lors, opérer parmi ces deux options le choix de celle qui lui paraît la plus avantageuse.

b. *La suppression de l'imposition commune*

L'option de la déclaration commune de revenus, qui était jadis réservée au mari, a été supprimée. Désormais, au sein du ménage, chaque époux :

- constitue une unité autonome de taxation,
- doit produire une déclaration personnelle de ses revenus propres.

Cette déclaration séparée est également étendue aux revenus propres des enfants mineurs du ménage et il est réservé au mari l'accomplissement de cette obligation déclarative.

En cas de divorce ou de séparation de corps, chaque contribuable devra souscrire une déclaration des revenus personnels des enfants mineurs sous sa garde distincte de sa propre déclaration de revenus.

c. *La reconnaissance de l'autonomie fiscale de la femme mariée*

L'autonomie fiscale complète de l'épouse disposant de revenus a été renforcée par le réaménagement de toutes les dispositions du CGI qui :

- écartaient l'épouse du bénéfice de certains régimes de faveur, comme en matière de bénéfices industriels ou commerciaux ;
- édictaient des normes mettant à la charge du mari des cotisations fiscales dues par sa conjointe, comme en ce qui concerne le règlement de l'impôt du minimum fiscal ou de la taxe représentative de ce même impôt.

4.2.2 Mode de calcul du nombre de parts d'un contribuable salarié

Le nombre de parts est déterminé en fonction de la situation de famille du contribuable et du nombre de personnes à sa charge. Il est calculé comme suit :

- Célibataire, divorcé (e) ou veuf (ve) sans enfant à charge = 1 part ;
- Marié (e) sans enfant à charge = 1,5 part ;
- Célibataire ou divorcé ayant 1 enfant à charge = 1,5 part ;
- Marié (e) ou veuf (ve) ayant 1 enfant à charge = 2 parts ;
- Célibataire ou divorcé ayant 2 enfants à charge = 2 parts ;
- Marié (e) ou veuf (ve) ayant 2 enfants à charge = 2,5 parts ;
- Célibataire ou divorcé ayant 3 enfants à charge = 2,5 parts ;
- Marié (e) ou veuf (ve) ayant 3 enfants à charge = 3 parts ;
- Célibataire ou divorcé ayant 4 enfants à charge = 3 parts.

Et ainsi de suite, en augmentant d'une demi-part par enfant à la charge du contribuable.

Remarques importantes :

a. Chaque enfant à charge donne droit, de façon égale, à une demi-part, au profit de chacun des parents disposant de revenus ;

b. L'enfant majeur infirme donne droit à une part ;

c. L'enfant âgé entre 18 et 25 ans et poursuivant des études fait bénéficier au contribuable une demi-part supplémentaire ;

d. Si un seul des conjoints dispose de revenus imposables, il lui est attribué une demi-part supplémentaire ;

e. Le nombre de parts à prendre en considération pour le calcul de l'imposition ne pourra dépasser 5.

Il convient de noter que le chef de famille dont l'épouse ou les enfants mineurs sont salariés et supportent personnellement des retenues n'en bénéficie pas moins du nombre de parts correspondant à sa situation de famille.

Exemple : travailleur marié avec 3 enfants mineurs non salariés, 1 enfant mineur et 1 épouse eux-mêmes salariés. Le nombre de parts de chacun est calculé ainsi :

- l'enfant mineur salarié : 1 part,
- le chef de famille : 3 parts (1,5 pour lui-même + 0,5 x 3 enfants)
- l'épouse : 3 parts (même calcul, en application de la loi n° 2008-01 du 8 janvier 2008 portant modification de certaines dispositions du Code général des impôts et consacrant la reconnaissance de l'autonomie fiscale de la femme mariée).

f. Date à retenir pour apprécier la situation et les charges de famille : la situation à retenir est celle existant au 1er janvier de l'année de versement du salaire ; toutefois, en cas de mariage du salarié ou d'augmentation de ses charges de famille en cours d'année, il est fait état de la situation au 31 décembre de ladite année ou à la date de départ ou de décès (voir plus loin le § 5.2.3 consacré à la régularisation annuelle des salaires) ;

g. Notion d'enfant à charge : sont considérés comme étant à la charge du contribuable, à la condition de ne pas avoir de revenus distincts de ceux qui servent de base à l'imposition de ce dernier :

- ses enfants mineurs ;
- ses enfants infirmes sans limite d'âge, dont il assure l'entretien ;
- ses enfants majeurs âgés de moins de 25 ans lorsqu'ils poursuivent leurs études ;
- sous les mêmes conditions, les enfants orphelins ou abandonnés, recueillis, conformément aux articles 279, 280 et 294 du Code de la famille, à condition qu'ils soient ou mineurs ou infirmes ou âgés de moins de 25 ans lorsqu'ils poursuivent leurs études ;
- sous les mêmes conditions, les enfants dont la puissance paternelle lui est déléguée, conformément aux dispositions des articles 289 à 292 du Code de la famille.

Cette charge s'établit exclusivement par la production de l'un des documents suivants, de sa photocopie ou de sa copie certifiée conforme :

- Livret d'allocataire de la Caisse de Sécurité Sociale ;
- Livret de famille ;
- Extrait de naissance ou de transcription de jugement supplétif délivré par l'Officier d'État civil ;
- Jugement du Tribunal pour les enfants infirmes ;
- Procès-verbal de délégation de puissance pour les enfants dont la puissance paternelle est déléguée ;

- Certificat médical précisant que les intéressés ne peuvent subvenir eux-mêmes à leur entretien pour les enfants majeurs infirmes ;
- Certificat de scolarité pour l'année en cours pour les enfants majeurs âgés de moins de 25 ans qui poursuivent leurs études.

Les SFD doivent particulièrement veiller à la constitution de dossiers individuels complets qui doivent contenir, en plus des pièces ci-dessus énumérées, tous les documents indispensables pour justifier l'imposition des salariés à l'IR : certificat de mariage, attestation délivrée par l'inspection du travail pour les conjoints ne disposant pas de revenus, etc.

L'employeur doit exiger de chaque salarié(e) qu'il ou elle apporte tous les justificatifs nécessaires sous peine de ne disposer que d'une part.

4.3 Les abattements à déduire

Pour les traitements et salaires des travailleurs du secteur non public, le calcul de l'impôt dû tient compte des abattements suivants :

a. l'abattement de 13,2% représentant les retenues faites par l'employeur sur les cotisations versées à titre obligatoire pour la constitution d'une retraite (cet abattement est déduit avant de calculer le droit proportionnel);

b. l'abattement forfaitaire de 15% pour le calcul du droit progressif prévu à l'article 104 du CGI. En ce qui concerne les pensions et rentes viagères, l'abattement de 10% susvisé n'est pas opéré (il est effectué après le premier et avant de calculer le droit progressif) ;

c. l'abattement de 7 000 F par mois fixé lors de la dévaluation du franc CFA en février 1994.

SECTION 5
CALCUL DE L'IMPÔT DÛ PAR LE CONTRIBUABLE SALARIÉ

L'impôt sur le revenu dû par le travailleur est constitué de la somme du droit proportionnel et du droit progressif.

La base imposable est égale au salaire brut auquel il faut ajouter (si c'est le cas) le montant obtenu par l'évaluation des avantages en nature avant de déduire les abattements autorisés.

Pour le calcul de l'IR, il convient de distinguer deux cas de figure :

- premier cas de figure : l'IR est obtenu par lecture directe du barème ;
- deuxième cas de figure : l'IR est obtenu par la méthode de calcul.

5.1 Détermination de l'IR à payer par lecture du barème

L'Administration fiscale a mis à la disposition des contribuables un « barème des impôts et des taxes retenus à la source sur les salaires » (dernière édition : 1er janvier 2005). Ce document permet de lire directement l'impôt dû par le salarié.

Il convient de signaler que dans l'élaboration de ce barème, les abattements de 13,2 % et 15 % cités au paragraphe 4.3 ci-dessus (abattements à déduire) ont été déjà pris en compte. De même, l'impôt calculé inclut à la fois le droit proportionnel et le droit progressif.

Il s'agit, après avoir déterminé le nombre de parts du contribuable, de déduire simplement l'abattement mensuel de 7 000 FCFA et de lire le droit à payer dans le barème.

5.2 Détermination de l'IR à payer par la méthode de calcul

Cette méthode est utilisée lorsque :

- le contribuable n'a pas à sa disposition le barème ou un logiciel de paie ;
- le salaire mensuel du contribuable est supérieur à FCFA 5 000 000, car le barème n'indique que l'IR à payer pour les salaires inférieurs ou égaux à ce montant.

Pour ce faire, il est calculé séparément et pour chaque contribuable le droit proportionnel et le droit progressif.

5.2.1 Calcul du droit proportionnel

Pour le calcul du droit proportionnel, seule la fraction du revenu net annuel supérieure à 700.000 FCFA est taxée au taux de 11 %.

Formule de calcul

Soit :
A : le salaire brut, y compris les avantages en nature,
B : le revenu net imposable,
B = [A – (7 000 F / mois x 12 mois)] x 86,8 %
Droit prop. = (B – 700 000) x 11 %

5.2.2 Calcul du droit progressif

1ère étape : Calcul du quotient familial ou du revenu imposable pour une part fiscale

Il est obtenu en divisant le revenu imposable total du contribuable (arrondi au millier de francs inférieur) par le nombre de parts fiscales qu'il possède, après déduction de l'abattement supplémentaire de 15 %.

En effet, le quotient familial est un mécanisme qui permet, dans la détermination de l'impôt, la prise en compte des charges de famille.

Formule de calcul

Soit :

B : le revenu net imposable,
C : le quotient familial,
N : le nombre de parts du salarié.

$$C = \frac{B \times 85\ \%}{N}$$

2ème étape : Calcul de l'IR correspondant au quotient familial

Le revenu imposable pour une part est soumis à l'impôt par application du droit progressif pour obtenir le montant dû par le contribuable pour une part.

Ainsi, les taux applicables au revenu imposable d'une part sont fixés comme suit :

Tranche de revenus en FCFA	**Taux**	**Impôt dans la tranche**	**Cumul**
0 à 600.000	0	0	0
600.001 à 890.000	18	52 200	52 200
891.001 à 1.010.000	22	26 400	78 600
1.010.001 à 1.410.000	25	100 000	178 600
1.410.001 à 2.475.000	28	298 200	476 800
2.475.001 à 3.540.000	30	319 500	796 300
3.540.001 à 7.650.000	35	1 438 500	2 234 800
7.650.001 à 9.650.000	40	850 000	3 034 800
9 650 001 à 12.650.000	45	1 350 000	4 384 800
Au-delà de 12.650.000	50	_	_

3ᵉ étape : Calcul du montant total du droit progressif

Pour ce faire, le montant du droit progressif dû pour une part est multiplié par le nombre total de parts dont dispose le contribuable pour obtenir le droit progressif dû par celui-ci.

5.2.3 Régularisation annuelle des retenues sur salaires

Il est procédé à la fin de chaque année civile à une régularisation annuelle des impôts sur salaire. Elle se fait au moment de l'établissement de l'état récapitulatif annuel des traitements et salaires, qui est un imprimé que l'Administration fiscale met gratuitement à la disposition des employeurs.

Cette régularisation est justifiée par le fait que :

- d'une part, les impôts retenus mensuellement constituent des acomptes, car l'impôt est annuel ;
- et, d'autre part, les retenues sont calculées sur la base d'une situation de famille considérée constante sur la période d'une année. Or il peut arriver que le salarié travaille moins d'une année (départ ou embauche au cours de l'année) et que la situation de famille change (mariage, naissance, décès, divorce, etc.).

L'application pratique de cette règle en matière de retenues à la source consiste à vérifier systématiquement la situation familiale au 31 décembre et à effectuer la régularisation des retenues de l'année entière d'après la plus favorable des situations de famille au 1ᵉʳ janvier ou au 31 décembre.

Pour effectuer cette régularisation, les traitements et salaires de même source ou de source différente dont le contribuable a disposé pendant une année déterminée sont totalisés.

L'une des trois situations peut alors se présenter :

• le montant de l'impôt correspond à ce qui est dû sur l'ensemble du salaire de l'année : aucune régularisation à faire ;

• le montant de l'impôt supporté est supérieur à la somme effectivement due : le salarié peut obtenir par voie de réclamation adressée au Directeur des impôts avant le 1er avril de l'année suivante la restitution des droits qu'il a supportés en trop. Pour éviter cette procédure de restitution qui peut être longue, la régularisation est effectuée, dans la pratique, au moment du calcul des salaires du mois de décembre de chaque année ;

• le montant de l'impôt supporté est inférieur à la somme effectivement due, les droits ou suppléments de droit exigibles sont perçus au moyen de bordereau de versement (VRS) complémentaire valant titre de perception.

Remarque : lorsque le salarié quitte définitivement le Sénégal, son employeur est tenu de procéder à la régularisation de l'impôt au cours de l'année considérée.

5.3 L'imposition des salariés en cas d'arrivée ou de départ en cours d'exercice comptable

Que le salarié soit expatrié ou non, différents cas peuvent se poser en cours d'année :

a. cas du salarié qui quitte l'institution ;
b. cas du salarié recruté ;
c. cas du salarié qui est recruté et qui quitte avant la fin de l'année.

Les retenues d'IR et de TRIMF sont effectuées selon le barème mensuel. En fin décembre, le montant de l'impôt exigible est déterminé par application du barème annuel sur l'ensemble des revenus perçus :

- du 1er janvier jusqu'au jour du départ (**a**) ;
- depuis le début de l'activité salariée jusqu'en décembre (**b**) ;
- depuis le début de l'activité salariée jusqu'au jour du départ (**c**).

Si le montant de l'impôt prélevé est supérieur à celui effectivement dû, l'employeur restitue le surplus au salarié. À défaut, le salarié a la possibilité de demander à l'Administration fiscale le remboursement du trop versé avant le 1er avril de l'année suivant celle de l'imposition. Passé ce délai, les sommes sont acquises au Trésor du fait de forclusion.

Cependant, lorsque le salarié a exercé une activité salariée avant son arrivée ou après son départ de l'institution, il devra établir une déclaration annuelle et justifier la demande de remboursement éventuelle.

SECTION 6
L'IMPOSITION DES INDEMNITÉS DE STAGE

La Convention Etat / Employeurs du secteur privé pour la promotion de l'emploi des jeunes du 25 avril 2000 a prévu l'exonération de tous les impôts et taxes exigibles sur les indemnités et allocations versées aux stagiaires et apprentis, aussi bien pour les employés stagiaires que pour leurs employeurs.

Les indemnités et allocations versées en dehors du cadre de la convention précitée sont donc imposables dans les conditions de droit commun.

Dans la pratique, les employeurs considèrent les stagiaires comme des prestataires de services occasionnels et les rémunérations qui leur sont versées sont soumises à la retenue de 5 % prévue à l'article 133 du CGI (cf. chapitre 2 ci-dessous).

SECTION 7
LA CONTRIBUTION FORFAITAIRE À LA CHARGE DES EMPLOYEURS (CFCE)

7.1 Personnes imposables

Il est établi une contribution forfaitaire annuelle à la charge des personnes physiques et morales, ainsi que des organismes qui paient des traitements et salaires.

7.2 Exonérations

L'État et les collectivités locales sont exonérés de cette contribution, ainsi que les organismes publics ou parapublics, étrangers ou internationaux.

Sont également exonérées, pendant une durée de trois ans, les entreprises qui créent un minimum de 50 emplois nouveaux additionnels stables, sur la base de contrats à durée indéterminée, à l'exclusion des renouvellements de postes. Cette exonération n'est pas cumulable avec celles éventuellement prévues par ailleurs.

Pour être agréé à ce régime, l'employeur doit adresser au ministre chargé des Finances un dossier complet comprenant, notamment, l'état des effectifs, la description précise des postes nouvellement pourvus, ainsi qu'un exemplaire de chaque contrat concerné.

L'agrément est accordé par arrêté du ministre chargé des Finances.

7.3 Revenus soumis à la contribution forfaitaire

Les traitements, salaires, indemnités et émoluments sont soumis à la contribution forfaitaire lorsque le bénéficiaire est domicilié :

• au Sénégal alors que l'activité rémunérée s'exercerait hors dudit État, à la condition que l'employeur soit domicilié ou établi au Sénégal ;

• hors du Sénégal, à condition que l'activité rétribuée s'exerce au Sénégal et que l'employeur y soit domicilié ou établi.

7.4 Base de taxation

La base de la contribution forfaitaire est constituée par le montant total des traitements et salaires, y compris les sommes payées à titre d'indemnités de congés payés, de gratification, primes, indemnités de toute nature, à l'exclusion de celles représentant des remboursements de frais et des prestations familiales, ainsi que pour tous les avantages en argent ou en nature dont a bénéficié le travailleur.

7.5 Taux

Le taux de la contribution forfaitaire est fixé à 3 % en ce qui concerne les traitements et salaires perçus aussi bien par des travailleurs de nationalité sénégalaise que par des travailleurs de nationalité étrangère.

7.6 Modalités de versement

La contribution forfaitaire est versée au Trésor public dans les mêmes conditions et délais que les retenues de l'impôt sur les traitements et salaires.

7.7 Obligations et sanctions des employeurs

Les dispositions relatives aux obligations des employeurs ainsi que celles concernant les sanctions fiscales applicables en matière d'impôt sur les traitements et salaires sont étendues à la contribution forfaitaire.

SECTION 8
LA TAXE REPRÉSENTATIVE DE L'IMPÔT DU MINIMUM FISCAL (TRIMF)

8.1 Personnes imposables

La taxe représentative de l'impôt du minimum fiscal est perçue par voie de retenue à la source au profit des collectivités locales. Elle est due par toute personne résidant au Sénégal et relevant de l'une des quatre catégories ci-dessous.

Désormais, les retenues sont effectuées au nom de chaque conjoint disposant de revenus. Ainsi, le mari n'est imposable au taux prévu pour sa catégorie que pour lui-même et ses enfants non salariés, âgés d'au moins de quatorze ans et ne poursuivant pas d'études.

Les enfants salariés d'au moins quatorze ans sont personnellement imposables.

8.2 Exemptions

Demeurent en dehors du champ d'application de la taxe représentative de l'impôt du minimum fiscal :

- les personnes exerçant au Sénégal une activité au titre de l'assistance technique fournie par un Etat étranger ou un organisme international ;
- les bénéficiaires de pensions et rentes viagères dont les débiteurs sont domiciliés hors du Sénégal.

Sont exemptées de la taxe représentative de l'impôt du minimum fiscal les personnes visées à l'article 203 du CGI – alinéas 1 à 9 inclus.

8.3 Règles d'imposition

Pour leur assujettissement à la présente taxe, les salariés sont réputés domiciliés au lieu de l'établissement qui les emploie, et les bénéficiaires de pensions et rentes viagères au lieu du domicile ou de l'établissement des débiteurs.

La taxe est due à compter du jour où un contribuable est bénéficiaire de traitements, indemnités, émoluments, salaires, pensions ou rentes viagères.

Les régularisations sont effectuées soit par l'employeur, soit par l'Administration, soit par le débirentier, dans les conditions suivantes : les régularisations faites par l'employeur sont assurées lors du dernier versement effectué au titre de l'année considérée, en tenant compte du salaire du chef de famille, y compris les avantages en nature payés au cours de ladite année.

Les régularisations faites par les services de l'Administration fiscale sont assurées au moyen de rôles nominatifs et par voie de bordereau complémentaire de versement, en tenant compte du revenu brut du chef de famille, y compris les avantages en nature : les impositions sont établies au nom du chef de famille.

Les omissions totales ou partielles constatées dans l'assiette de la taxe représentative de l'impôt du minimum fiscal, ainsi que les erreurs commises dans l'application du tarif, peuvent être réparées jusqu'au 31 décembre de la deuxième année suivant celle au titre de laquelle l'impôt est dû.

Lorsque les retenues effectuées au titre de l'année d'imposition dépassent l'impôt dû par le redevable en fonction de sa catégorie, il peut obtenir le remboursement sur demande adressée au Directeur des Impôts, avant le 1er avril de l'année suivant celle de l'imposition.

8.4 Tarif

Les tarifs de la taxe représentative de l'impôt du minimum fiscal sont fixés comme suit :

Revenu	Catégories	Taux en FCFA
R < 600 000	4ème catégorie	900 / an / pers soit 75 / mois / pers
600 000 < R < 1 000 000	3ème catégorie	3 600 / an / pers soit 300 / mois / pers
1 000 000 < R < 2 000 000	2ème catégorie	4 800 / an / pers soit 400 / mois / pers
2 000 000 < R < 12 000 000	1ère catégorie	6 000 / an / pers soit 500 / mois / pers
R ≥ 12 000 000	Exceptionnelle	18 000 / an / pers soit 1 500 / mois / pers

SECTION 9
OBLIGATIONS ET DÉCLARATIONS DES EMPLOYEURS

9.1 Obligations des employeurs

- Toute personne physique ou morale qui paye des sommes imposables aux bénéficiaires visés à la section précédente est tenue d'effectuer pour le compte du Trésor public la retenue de l'impôt ;
- Elle doit, pour chaque bénéficiaire d'un paiement imposable, mentionner sur son livre, fichier ou autre document destiné à l'enregistrement de la paye ou, à défaut, sur un livre spécial, la date, la nature et le montant des retenues opérées, la référence du bordereau de versement ;
- Les documents sur lesquels sont enregistrés les paiements et les retenues effectuées doivent être conservés jusqu'à expiration de la onzième année suivant celle au titre de laquelle les retenues sont faites. Ils doivent à toute époque et sous peine de sanctions

prévues à l'article 192 du CGI être communiqués, sur sa demande, à l'agent chargé de l'assiette ;

• Les employeurs sont tenus de livrer à chaque bénéficiaire de paiement ayant supporté les retenues une pièce justificative mentionnant le montant desdites retenues ;

• Les retenues afférentes aux paiements effectués pendant un mois déterminé doivent être versées dans les quinze premiers jours du mois suivant par les employeurs, en fonction de leur domicile :

- pour la région de Dakar, à la caisse du comptable chargé du recouvrement des retenues à la source ;
- dans les autres localités, à la caisse du comptable du Trésor ;

a. Les versements peuvent être effectués par tous les modes de libération légaux, versement direct, virement ou chèque bancaire, chèque postal ;

b. Lorsque le montant des retenues mensuelles n'excède pas 20.000 francs, le versement peut n'être effectué que dans les quinze premiers jours des mois de janvier, avril, juillet et octobre pour le trimestre écoulé. Si, pour un mois déterminé, le montant des retenues vient à excéder 20.000 francs, toutes les retenues effectuées depuis le début du trimestre en cours doivent être versées dans les quinze jours du mois suivant ;

c. Dans le cas de transfert de domicile, d'établissement ou de bureau hors du ressort de la perception, ainsi que dans le cas de cession ou de cessation d'entreprise, les retenues effectuées doivent être versées dans les quinze premiers jours du mois suivant ;

d. En cas de décès de l'employeur, les retenues opérées doivent être versées dans les quinze premiers jours du mois suivant celui du décès ;

e. Chaque versement est accompagné d'un bordereau de versement extrait d'un carnet à souche daté et signé par la partie versante et indiquant :

- la période au cours de laquelle les retenues ont été faites, la désignation, l'adresse et la profession de la personne, société, association ou administration qui les a opérées ;
- l'effectif des employés et le montant des salaires versés ;
- le montant total des retenues effectuées ;

f. Les bordereaux de versement sont conservés par le comptable du Trésor comme titre de recouvrement. L'exemplaire destiné au service de l'assiette est dûment rempli par la partie versante et adressé par l'Agent de perception au Directeur des impôts périodiquement et au plus tard dans les dix premiers jours du mois pour les versements du mois précédent. Les employeurs sont approvisionnés, sur leur demande, de carnets à souche réglementaires par la direction des impôts ;

g. Toutefois, s'agissant des retenues afférentes aux paiements effectués au titre du mois de décembre, ou consécutives aux régularisations relatives aux paiements de l'année en cause, celles-là doivent être versées dans les limites et les délais impartis pour la production de l'état des salaires.

9.2 Déclaration des employeurs

Tout particulier, toute société ou association est tenu, sous peine des sanctions prévues à l'article 120 du CGI, de remettre dans le courant du mois de janvier de chaque année aux services fiscaux un état présentant pour chacune des personnes qu'il a occupées au cours de l'année précédente les indications suivantes :

1. prénoms, nom, emploi et adresse ou domicile ;

2. montant des traitements, salaires et rétributions bruts ainsi que l'évaluation des avantages en nature ;

3. période à laquelle s'appliquent les paiements lorsqu'elle est inférieure à une année ;

4. situation de famille la plus favorable pour le contribuable, au 1er janvier ou au 31 décembre de l'année considérée ;

5. montant des impôts et taxes retenus à la source et autres prélèvements ;

6. montant des allocations spéciales destinées à couvrir les frais inhérents à la fonction ou à l'emploi ;

7. pour les femmes mariées, l'indication précise de l'état civil de leur mari, ainsi que le nom et l'adresse de l'employeur éventuel de celui-ci.

Dans la mesure où une femme salariée ne communiquerait pas ces renseignements à son employeur, l'abattement pour charges de famille ne lui est pas appliqué.

À l'état visé ci-dessus doit être annexé, pour chaque personne employée, un bulletin de renseignements établi selon une formule réglementaire mise à la disposition des employeurs intéressés.

Les entreprises comptant 300 employés au moins ou ayant un nombre d'établissements répartis sur le territoire national, et celles pouvant invoquer un motif de force majeure, le bien-fondé de celle-ci étant laissé à l'appréciation du directeur des impôts, peuvent, sur leur demande, présentée au cours du mois de janvier, bénéficier d'un délai supplémentaire d'un mois pour le dépôt de l'état en cause.

SECTION 10
SANCTIONS

• Tout employeur qui n'a pas effectué les retenues ou qui n'a opéré que des retenues insuffisantes devient personnellement redevable du montant des retenues non effectuées qu'il peut récupérer sur ses salariés. Il est en outre passible d'une amende égale au montant des retenues non effectuées qu'il ne peut, en aucun cas, récupérer sur les salariés.

• La même amende est applicable aux personnes domiciliées au Sénégal (art. 115) qui, ayant reçu des sommes taxables d'employeurs domiciliés ou établis hors du Sénégal, n'ont pas fait les versements auxquels elles sont tenues.

• Tout employeur qui ne peut présenter aux agents du service de l'assiette ayant au moins le grade de contrôleur des impôts le ou les documents mentionnés à l'article 116 pendant le délai de dix ans prévu audit article est passible d'une amende fiscale égale au minimum à 200.000 francs et au maximum à 2.000.000 de francs.

• Tout employeur qui verse tardivement au Trésor, mais d'une manière spontanée, les retenues de l'impôt qu'il avait effectuées, est frappé, pour chaque période d'un mois écoulée entre la date à laquelle le versement des retenues aurait dû être normalement opéré et le jour du paiement, d'une amende fiscale égale à 5 % du montant des sommes dont le versement a été différé.

• Pour le calcul de cette amende, tout mois civil commencé est compté entièrement.

• Tout employeur qui, ayant effectué les retenues de l'impôt, n'a pas versé le montant de ces retenues au Trésor dans les délais prescrits est personnellement taxé par voie de bordereau de versement complémentaire valant titre de perception d'une somme égale aux retenues non versées.

• Sans préjudice des peines prévues ci-dessus, l'employeur qui, ayant procédé aux retenues, ne les a pas versées au Trésor est en outre frappé, pour chaque période d'un mois écoulée entre la date à laquelle le versement des retenues aurait dû être normalement effectué et le jour du paiement, d'une amende fiscale égale à 10% du montant des sommes dont le versement a été différé.

CHAPITRE 2

LA RETENUE À OPÉRER SUR LES RÉMUNÉRATIONS VERSÉES AUX PRESTATAIRES DE SERVICES, PERSONNES PHYSIQUES

SECTION 1
FONDEMENT ET DÉFINITION

Il est institué, au profit du Trésor public (article 133 du CGI), une retenue à la source sur les sommes versées par un débiteur établi au Sénégal à des personnes physiques résidant au Sénégal en rémunération de prestations de toute nature, fournies ou utilisées au Sénégal.

Par débiteur établi au Sénégal, on désigne :

- toute personne physique ou morale ayant son domicile au Sénégal ou y disposant d'un établissement stable ou d'une installation fixe d'affaires, dans le cadre de l'exercice de ses activités professionnelles ;
- l'État, les collectivités et établissements publics ;
- les représentations diplomatiques et consulaires, ainsi que les organismes internationaux et assimilés.

Par personne physique, on désigne tout exploitant individuel exerçant une activité individuelle, commerciale, agricole ou artisanale, non effectivement soumis à un régime d'imposition d'après les bénéfices réels réalisés.

Le débiteur doit alors obtenir la preuve que le bénéficiaire est soumis au régime du réel. Pour ce faire, la facture établie par le prestataire doit explicitement mentionner le Numéro d'Identification National des Entreprises et Associations (NINEA).

En effet, le NINEA, qui est obligatoire depuis le 1er janvier 2002, renseigne sur le régime fiscal du contribuable et permet, en particulier, de s'assurer que la personne qui facture la TVA est un assujetti à cet impôt.

Remarque : Si le prestataire de services est au réel, il doit facturer la TVA au débiteur, sauf dans le cas d'une exonération de ce dernier. Toutefois, s'il a prouvé qu'il est au réel mais qu'il n'a pas facturé la TVA, le débiteur n'opère pas la retenue de 5 % et ne lui réclame pas de facturer la TVA. Dans ce cas de figure, le débiteur doit considérer que les sommes qu'il a payées sont toutes taxes comprises.

SECTION 2
CHAMPS D'APPLICATION ET EXEMPTIONS

2.1 Prestations visées

Par prestation de services de toute nature fournie ou utilisée au Sénégal, on entend toute opération juridique autre qu'une vente ou une livraison à soi-même de biens corporels ou de travaux immobiliers, lorsque le service rendu, le droit cédé ou concédé, l'objet ou le matériel loué sont utilisés ou exploités au Sénégal.

La localisation des prestations de services au Sénégal est faite au moyen de deux critères essentiels :

a. Le critère du lieu d'utilisation ou d'exploitation.

Un service exécuté au Sénégal mais utilisé à l'étranger échappe à l'imposition au Sénégal ; inversement, un service utilisé au Sénégal mais exécuté à l'étranger est taxable au Sénégal.

b. Le critère du lieu de situation du bénéficiaire ou de l'ordonnateur

En application des dispositions de l'article 286 – b, est réputée utilisée au Sénégal toute prestation de services ou opération assimilée rendue par un prestataire installé au Sénégal ou à l'étranger pour le compte d'un utilisateur du service ou d'un donneur d'ordre établi au Sénégal.

2.2 Exemples de prestations courantes dans les SFD

Les entreprises de la microfinance sont caractérisées par une consommation importante et constante de services de consultants ou de prestataires de services dans divers domaines :

- Formation ;
- Études ;
- Facilitation ;
- Élaboration de manuels de politiques et de procédures administratives, financières et comptables ;
- Suivi et évaluation ;
- Système d'information de gestion (SIG) ;
- Audit ;
- Assistance technique ;
- Maintenance, entretien et réparations ;
- etc.

À chaque fois que le consultant ou le prestataire de services recruté n'exerce pas dans le cadre d'un cabinet constitué sous forme de société commerciale, le SFD doit vérifier son régime d'imposition et s'il est soumis ou non à la retenue de 5 %.

Il faut veiller aux cas spécifiques suivants :

1er cas : facturation des honoraires et des per diem par les consultants

Le SFD doit mettre en place et appliquer des procédures relatives à la justification des honoraires et per diem. En ce qui concerne les per diem, dans la pratique, il est demandé au personnel et aux consultants internes de ramener les justificatifs concernant l'hébergement. Pour les consultants externes et les cabinets, les per diem comme les autres frais remboursables sont inclus dans leur offre financière.

Du point de vue fiscal, lorsque le consultant n'est pas imposé au régime d'après les bénéfices réels, la retenue de 5 % est à opérer sur le total de la facture, y compris les frais remboursables (frais de mission et autres frais facturés forfaitairement par le prestataire au SFD).

2ème cas : facturation de la main-d'œuvre et du matériel par le prestataire

Souvent dans le cas des factures d'entretien et de réparation des véhicules, du parc informatique, etc., le prestataire de services facture le matériel fourni et sa main-d'œuvre.

Or, dans le cas où les fournitures de matériels effectuées par le prestataire lors de la réparation ne sont pas justifiées par une facture distincte établie par le vendeur de matériel, la retenue de 5 % s'applique sur le montant total payé (fournitures + main-d'œuvre).

2.3 Exemptions

La loi précise que les services fournis par les hôteliers et les restaurateurs ne sont pas concernés par cette retenue à la source.

SECTION 3
TAUX ET PLANCHER

3.1 Sommes versées aux prestataires

Le taux de la retenue à la source est fixé à 5 % du montant brut hors taxes de sommes versées ou des produits perçus, lorsque le montant de la prestation indiquée sur une facture est égal ou supérieur à 25.000 francs.

3.2 Loyers versés à des propriétaires

Dans le cas des loyers versés à des propriétaires, personnes physiques, non imposés au réel, la retenue est opérée lorsque le montant payé est supérieur ou égal à 150.000 francs.

Cependant, la retenue n'est pas opérée lorsque le loyer est versé à une agence immobilière.

3.3 Sommes versées aux personnes n'ayant pas d'installation professionnelle au Sénégal

Sont passibles de la retenue à la source prévue à l'article 133 du CGI, sous réserve des dispositions des conventions internationales, les personnes et sociétés n'ayant pas d'installation professionnelle au Sénégal, à raison des sommes qu'elles perçoivent en rémunération des prestations de toute nature fournies ou utilisées au Sénégal dans l'exercice d'une des professions visées à l'article 87 du CGI :

- bénéfices tirés de l'exercice d'une profession non commerciale ou revenus assimilés aux bénéfices non commerciaux ;

• bénéfices des professions libérales, des charges et offices dont les titulaires n'ont pas la qualité de commerçant ;

• marges réalisées occasionnellement par des personnes physiques sur des transactions immobilières à titre spéculatif ;

• toutes occupations, exploitations lucratives et sources de profit ne se rattachant pas à une autre catégorie de bénéfices ou de revenus tels que, notamment, les plus-values de cessions de valeurs mobilières et de droits sociaux, les opérations de bourse effectuées à titre habituel ou spéculatif, à l'exclusion toutefois des lots de la Loterie nationale sénégalaise et des autres loteries autorisées.

Le taux de la retenue à la source est fixé à 25 % du montant net des sommes imposables versées aux personnes et sociétés ainsi visées. Ce montant net est déterminé en appliquant aux encaissements bruts une déduction de 20 %.

SECTION 4
REVERSEMENT ET MODALITÉS

Sauf dispositions contraires, les retenues afférentes aux paiements effectuées pendant un mois déterminé doivent être versées dans les 15 premiers jours du mois suivant par le débiteur établi au Sénégal.

Chaque versement est accompagné d'un bordereau de versement extrait d'un carnet (appelé carnet BRS) à souche daté et signé par la partie versante et indiquant :

- la période au cours de laquelle les retenues ont été faites, la désignation, l'adresse et la profession de la personne, société, association ou administration qui les a opérées ;

- l'effectif des employés de nationalité sénégalaise et le montant des salaires versés ;
- l'effectif des employés de nationalité étrangère et le montant des salaires versés ;

- le montant total des retenues effectuées.

Les bordereaux de versement sont conservés par le comptable du Trésor comme titre de recouvrement. L'exemplaire destiné au service de l'assiette est dûment rempli par la partie versante et adressé par l'Agent de perception au Directeur des impôts périodiquement et au plus tard dans les dix premiers jours du mois pour les versements du mois précédent. Les employeurs sont approvisionnés, sur leur demande, de carnets à souche réglementaires par la Direction des impôts.

SECTION 5
ÉTATS PÉRIODIQUES DES SOMMES ET LOYERS VERSÉS

5.1 États trimestriels des sommes et loyers versés

Les débiteurs établis au Sénégal sont tenus, sous peine des sanctions prévues à l'art 187, de remettre aux services fiscaux des états trimestriels de versements effectués à des tierces personnes physiques. Cet état trimestriel est établi sur la base d'un imprimé remis gratuitement au débiteur par l'Administration fiscale et qui présente les indications suivantes :

- prénoms, nom, emploi et adresse du bénéficiaire ;
- montant des sommes versées ;
- période à laquelle s'appliquent les paiements ;
- montant de l'impôt retenu à la source.

Un imprimé presque identique est également rempli trimestriellement pour les loyers versés.

5.2 États annuels des sommes et loyers versés

L'article 185 du CGI fait obligation aux contribuables de déclarer les sommes versées à des tiers ne faisant pas partie de leur personnel salarié, quelle que soit la qualité du bénéficiaire, lorsque le montant payé excède FCFA 10 000 par an pour une même personne. La déclaration s'impose également lorsque l'employeur verse les honoraires ou commissions à un de ses salariés.

Une note de service du Directeur général des Impôts et Domaines du 21 janvier 2000 précise les conditions d'application de ces dispositions, notamment les personnes assujetties à ladite déclaration, ainsi que la nature des sommes à déclarer.

5.2.1 Personnes assujetties à la déclaration

La déclaration des sommes versées à des tiers, personnes physiques ou morales, incombe aux contribuables suivants :

- les personnes physiques ;
- les chefs d'entreprise qui dirigent une exploitation industrielle, commerciale, artisanale ou agricole, quel que soit leur régime d'imposition ainsi que les contribuables exerçant une profession non commerciale ;
- les personnes morales de droit privé, quel que soit leur objet ou leur activité, notamment les sociétés de toute nature, les associations y compris les syndicats professionnels ;
- etc.

Il faut noter qu'il importe peu que ces personnes morales n'aient pas de but lucratif ou que leur objet soit purement civil.

5.2.2 Nature des sommes à déclarer

Les sommes suivantes sont soumises à la déclaration :

- *les honoraires, gratifications et rétributions versés à des tiers* : il s'agit de toutes les sommes, quelle que soit la dénomination retenue par les parties, versées à l'occasion d'actes ou de prestations effectués à titre habituel ou occasionnel qui ne revêtent pas, par leur nature, le caractère d'actes de commerce ;
- *les loyers* : versés aux propriétaires des locaux à usage professionnel, y compris les loyers payés aux agences immobilières, gérants de biens et sociétés civiles immobilières, ainsi que ceux des locaux loués à l'État, aux Collectivités locales, établissements publics et organismes placés sous le contrôle de l'État ;
- *les commissions et courtages* versés à des intermédiaires de commerce ou des mandataires ;
- *les remises, les droits d'auteur ou d'inventeur.*

5.2.3 Conditions d'assujettissement à la déclaration

Les sommes visées à l'article 185 du CGI ne sont à déclarer que lorsque les conditions suivantes sont remplies :

- elles doivent être versées à l'occasion de l'exercice de la profession ;
- elles doivent être versées à un ou des tiers ne faisant pas partie du personnel salarié ;
- elles doivent excéder FCFA 10 000 par an pour un même bénéficiaire ;
- elles doivent être mises à la disposition du bénéficiaire soit par voie de paiement (numéraire,

chèque, etc.), soit par voie d'inscription au crédit d'un compte ouvert à son nom dans les écritures de la partie versante.

5.2.4 Omissions dans les renseignements fournis et défaut de déclaration

En cas d'omission ou d'inexactitude dans les renseignements fournis, la sanction est une amende fiscale de 5 000 FCFA encourue autant de fois qu'il est relevé d'omissions ou d'inexactitudes, avec un minimum de FCFA 50 000.

Dans le cas d'un défaut de déclaration, la partie versante qui n'a pas déclaré les sommes ci-dessus énumérées perd le droit de les porter dans ses frais professionnels pour l'établissement de ses propres impositions et donc de les déduire de son assiette imposable.

SECTION 6
CONSÉQUENCES DE LA RETENUE SUR LE BÉNÉFICIAIRE DES RÉMUNÉRATIONS

Les retenues effectuées au titre d'une année viennent en déduction de l'impôt dû en fin d'année par le bénéficiaire non soumis à la CGU, tenu de souscrire la déclaration de ses revenus.

Si le montant des retenues effectuées pour des acomptes est supérieur au montant de l'impôt effectivement dû, le contribuable non soumis à la CGU peut obtenir, par la voie de réclamation adressée au Directeur des impôts, la restitution des sommes retenues en trop.

BIBLIOGRAPHIE

La loi n° 95-03 du 5 janvier 1995 portant réglementation des institutions mutualistes ou coopératives d'épargne et de crédit.

Décret d'application n° 97-1106 du 11 novembre 1997 de la loi n° 95-03 du 5 janvier 1995.

Instructions de la BCEAO de mars 1998 relatives aux Institutions mutualistes ou coopératives d'épargne et de crédit.

La loi n° 2008-47 du 3 septembre 2008 portant réglementation des Systèmes Financiers Décentralisés.

Décret d'application n° 2008-1366 du 28 novembre 2008 de la loi n° 2008-47 du 3 septembre 2008.

La loi n° 83-07 du 28 janvier 1983 portant Statut Général des Coopératives du Sénégal.

Le nouveau référentiel comptable spécifique aux Systèmes Financiers Décentralisés.

Les Instructions de la BCEAO de juin 2010 : nos 004-06-2010, 005-06-2010, 006-06-2010 et 007-06-2010

La loi n° 92-40 du 9 juillet 1992 portant Code général des impôts (CGI) du Sénégal (édition 2006 du Centre International de Management – Le Gestionnaire Fiscal).

Circulaire ministérielle n° 0006779/MEF/DGID/BLEC du 20 août 2004 portant application de la loi n° 2004-12 du 6 février 2004.

Note de service n° 0000189 MEF/DGID/BLC/LEG1 du 25 juillet 2008 relative aux modalités de liquidation de la TVA et de la retenue à la source sur les revenus des créances sur les intérêts servis aux déposants.

Décret n° 95.364 abrogeant et remplaçant le décret n° 86-1014 du 19 août 1986 portant création d'un numéro national d'identification, d'un répertoire national des entreprises et associations, d'un comité de suivi.

Acte uniforme de l'OHADA relatif au droit des sociétés commerciales et du GIE.

La Convention Collective Nationale Interprofessionnelle.

Rapport annuel de 2007 du ministre de l'Économie et des Finances sur les SFD.

Étude des SIG et SCIE des IMF au Sénégal réalisée par le cabinet DCEG de Monsieur Issa Barro, 2009.

Cour de cassation française : Arrêt n° 94-43-859 du 12 novembre 1999.

Cour de cassation française (Ch. Réunies) : Arrêt du 11 mars 1914 : D. 1914.I.257.

Cour de justice de la communauté européenne (CJCE) : Affaire 174/00 du 21 mars 2002.

Alain Coheur, Rapport technique n° 27 / Association internationale de la sécurité sociale.

Denis H. Acclassato, « Incitations et freins de la réglementation des Institutions de Microfinance dans l'UEMOA : la loi PARMEC revisitée ».

SCOP HEBDO n° 33 du 8 décembre 2006.

Les cours n°s 2 et 3 du CGAP.

TABLE DES MATIÈRES

L'HARMATTAN, ITALIA
Via Degli Artisti 15 ; 10124 Torino

L'HARMATTAN BURKINA FASO
Rue 15.167 Route du Pô Patte d'oie
12 BP 226 Ouagadougou 12
(00226) 76 59 79 86

ESPACE L'HARMATTAN KINSHASA
Faculté des Sciences Sociales,
Politiques et Administratives
BP243, KIN XI ; Université de Kinshasa

L'HARMATTAN GUINÉE
Almamya Rue KA 028 en face du restaurant le cèdre
OKB agency BP 3470 Conakry
(00224) 60 20 85 08
harmattanguinee@yahoo.fr

L'HARMATTAN CÔTE D'IVOIRE
M. Etien N'dah Ahmon
Résidence Karl / cité des arts
Abidjan-Cocody 03 BP 1588 Abidjan 03
(00225) 05 77 87 31

L'HARMATTAN MAURITANIE
Espace El Kettab du livre francophone
N° 472 avenue Palais des Congrès
BP 316 Nouakchott
(00222) 63 25 980

L'HARMATTAN CAMEROUN
Immeuble Olympia face à la Camair
BP 11486 Yaoundé
(237) 458.67.00/976.61.66
harmattancam@yahoo.fr

L'HARMATTAN SÉNÉGAL
« Villa Rose », rue de Diourbel X G, Point E
BP 45034 Dakar FANN
(00221) 33 825 98 58 / 77 242 25 08
senharmattan@gmail.com

L'HARMATTAN MALI
Rue de Leipzig, face au Palais de la culture,
Porte 203, Badalabougou, Bamako
00 223 20 22 57 24 / 00 223 76 37 80 82
pp.harmattan@gmail.com

610556 - Juin 2015
Achevé d'imprimer par
1livre.com
du rêve à la réalité !

www.ingramcontent.com/pod-product-compliance
Lightning Source LLC
LaVergne TN
LVHW011010061026
849535LV00006B/1803